A Handbook of How to Buy Your Home in the US

美国华人主要居住城市房地产概况及买房程序指南

去美国买房

作者：冯建中

经济日报出版社

图书在版编目（CIP）数据

去美国买房 / 冯建中著 . —北京：经济日报出版社，2013.6

ISBN 978-7-80257-528-8

Ⅰ . ①去… Ⅱ . ①冯… Ⅲ . ①房地产投资－美国 Ⅳ . ① F299.712.335.3

中国版本图书馆 CIP 数据核字（2013）第 131665 号

去美国买房

作　　者	冯建中
责任编辑	李　进
责任校对	韩会凡　陈礼滟
版式设计	金　丹
出版发行	经济日报出版社
地　　址	北京市西城区右安门内大街 65 号（邮政编码：100054）
电　　话	010-63567960（编辑部）　63567687（邮购部）
	010-63516956　63559665　83558469（发行部）
网　　址	www.edpbook.com.cn
E - mail	edpbook@126.com
经　　销	全国新华书店
印　　刷	中国电影出版社印刷厂
开　　本	710×1000 毫米　1/16
印　　张	14.75
字　　数	200 千字
版　　次	2013 年 6 月第 1 版
印　　次	2013 年 6 月第 1 次印刷
书　　号	ISBN 978-7-80257-528-8
定　　价	58.00 元

前 言

美国的房地产在2008年跌入低谷后，政府连续出台了两大救市措施，一是给第一次买房者提供8000 美元现金，二是联邦储备局购买房利美和房地美的抵押贷款证券。这些措施使2010年美国房屋销售量一扫前两年的颓势而大幅上升。2011年全美房市已经稳定并出现慢步回升迹象。与此同时，近几年中国的房地产反倒如日中天，节节攀升。现在，同等级城市的房价中国已经超过美国许多。所以，近几年从国内到美国来买房的人日益增多。吸引投资者的主要原因是：

一、房价较低：用在国内一、二线城市买公寓的钱可以在美国买到一栋占地约一亩的别墅。

二、永久拥有土地产权：私有财产受法律保护，一旦屋主拥有房产，屋主可以自由买卖，或永远拥有，传给后代。

美国华人主要集中在东西两岸的几个都市区，51.4%的华裔美国人住在纽约、洛杉矶、旧金山等几个大都会城市及周边卫星城。东岸以纽约为中心，人口约840万，其中亚洲人约占11%；西岸以洛杉矶为中心，人口约390万，亚洲人约占10%；旧金山/硅谷地区人口约200多万，亚洲人约占31%。①

这三个都市区各有特点：

纽约是世界金融中心，著名国际大都市。气候四季分明：冬天大雪，夏天炎热。房价是美国东岸最贵的地方。

洛杉矶是美国西岸最大都市，商业发达，四季如春，回国交通方便。房价高于美国和加利福尼亚州平均水平。

---

① （city-data.com）

旧金山/硅谷地区是世界高科技中心，科技人员高度集中，夏季凉爽，冬季如春，风景秀丽。旧金山/硅谷地区的房价是全美最贵的。但是，贵自然有贵的理由，除上述原因外，回国比东部纽约少飞6个小时，免费公立学校水准很高，房地产保值。

本书的主要目的是：给读者介绍美国房地产业行情、美国房地产业如何运作、如何在美国买房以及炒房热点和可以抄底的地区。因美国太大，我们仅介绍了华人比较集中的地区。至于房地产的交易规范和程序，全美国差别不大，所以我们参考了加利福尼亚州的合同文本，省略很多法律用语，用简单易懂的语言介绍给读者。一则加利福尼亚州房地产活跃，交易程序典型，二则美国的3个华人主要聚集地，有两个在加利福尼亚州，因此来加利福尼亚州买房的人相对多。希望读者看完本书后在美国买房不再感觉不知所措。

United States of America
State Boundary
Road
River
National Capital
State Capital
City or Town
0 300 KM
0 300 Miles
© 2007 Geology.com
CANADA
U.S.A.
MEXICO
Pacific Ocean
Atlantic Ocean
Gulf of Mexico
THE BAHAMAS
Nassau
RUSSIA
ALASKA
Anchorage
Juneau
0 500 KM
0 500 Miles
HAWAII
Honolulu
0 100 KM
0 100 Miles
BRITISH COLUMBIA
ALBERTA
SASKATCHEWAN
MANITOBA
ONTARIO
QUEBEC
NEW BRUNSWICK
Vancouver
Victoria
Calgary
Saskatoon
Regina
Swift Current
Winnipeg
Lake Winnipeg
Moosonee
Timmins
Amos
Quebec
Montreal
Ottawa
Kingston
Toronto
Fredericton
Lake Superior
Lake Huron
Lake Michigan
Lake Ontario
Lake Erie
WASHINGTON
Seattle
Olympia
Spokane
Yakima
OREGON
Portland
Salem
Medford
Klamath Falls
Eureka
Redding
Chico
CALIFORNIA
San Francisco
Oakland
San Jose
Sacramento
Modesto
Monterey
Fresno
Visalia
Bakersfield
Santa Maria
Los Angeles
San Bernardino
San Diego
Mexicali
NEVADA
Reno
Carson City
Elko
Ely
Las Vegas
IDAHO
Lewiston
Boise
Idaho Falls
Twin Falls
MONTANA
Missoula
Great Falls
Helena
Butte
Billings
Miles City
Missouri
WYOMING
Sheridan
Casper
Rock Springs
Cheyenne
UTAH
Salt Lake City
Provo
Cedar City
Monticello
Marble Canyon
Colorado
COLORADO
Fort Collins
Boulder
Denver
Grand Junction
Colorado Springs
Pueblo
Durango
Arkansas
ARIZONA
Flagstaff
Phoenix
Tucson
NEW MEXICO
Santa Fe
Albuquerque
Roswell
Las Cruces
Carlsbad
El Paso
NORTH DAKOTA
Minot
Bismarck
Fargo
Grand Forks
SOUTH DAKOTA
Buffalo
Rapid City
Pierre
Sioux Falls
NEBRASKA
Scottsbluff
Omaha
Lincoln
KANSAS
Dodge City
Wichita
Topeka
Kansas City
OKLAHOMA
Guymon
Tulsa
Oklahoma City
Canadian
Red
TEXAS
Amarillo
Wichita Falls
Dallas
Big Spring
Odessa
Waco
Temple
Austin
San Antonio
Del Rio
Houston
Beaumont
Galveston
Corpus Christi
Laredo
Pecos
Rio Grande
Texarkana
MINNESOTA
Duluth
St. Paul
Minneapolis
Mankato
IOWA
Sioux City
Mason City
Ames
Des Moines
MISSOURI
Jefferson City
St. Louis
Poplar Bluff
ARKANSAS
Fayetteville
Little Rock
Hot Springs
Pine Bluff
LOUISIANA
Shreveport
Baton Rouge
New Orleans
WISCONSIN
Ironwood
Marinette
Green Bay
Madison
Milwaukee
Mississippi
MICHIGAN
Marquette
Lansing
Detroit
Ann Arbor
ILLINOIS
Chicago
Bloomington
Springfield
INDIANA
Fort Wayne
Indianapolis
Louisville
Owensboro
OHIO
Cleveland
Columbus
Cincinnati
Ohio
KENTUCKY
Frankfort
TENNESSEE
Nashville
Knoxville
Chattanooga
Memphis
MISSISSIPPI
Greenville
Jackson
ALABAMA
Huntsville
Birmingham
Montgomery
Mobile
FLORIDA
Tallahassee
Pensacola
Jacksonville
Gainesville
Daytona Beach
Orlando
Tampa
Sarasota
West Palm Beach
Miami
Key West
GEORGIA
Atlanta
Macon
Augusta
Albany
Savannah
SOUTH CAROLINA
Greenville
Columbia
Charleston
NORTH CAROLINA
Asheville
Charlotte
Raleigh
Greensboro
VIRGINIA
Roanoke
Richmond
Norfolk
WEST VIRGINIA
Charleston
Washington, D.C.
MARYLAND
Baltimore
Annapolis
DELAWARE
Dover
Wilmington
PENNSYLVANIA
Erie
Pittsburgh
Harrisburg
Philadelphia
NEW JERSEY
Trenton
NEW YORK
Buffalo
Rochester
Albany
New York City
CONNECTICUT
Hartford
RHODE ISLAND
Providence
MASSACHUSETTS
Boston
VERMONT
Montpelier
NEW HAMPSHIRE
Concord
MAINE
Augusta
Portland
Bangor
Hermosillo
Chihuahua
Saltillo
Monterrey

目录
CONTENTS

第四章 加州房地产交易程序

第五章 租房交易程序

第六章 硅谷房地产的特殊性

第七章 炒房热点和注意事项

第一章

美国次贷危机为我们到美国买房提供机会

美国是一个充满机会的国家，所有在美国的移民都怀有一个梦想：拥有自己的房子。为了实现这个梦想，不远万里来到美国的世界各国移民，他们用自己的双手和智慧，经过多年的辛勤劳动和开拓，不仅使自己的梦想得以实现，同时也创造了一个兴旺、强盛的美国。

美国的房地产行业同其他国家一样，房价跟地区和位置有很大关系。美国人均拥有房产的比例较高。在一百多年以前的1900年左右，美国就约有50%以上的家庭已经拥有了自己的住房。二战以后随着经济的高速发展，优惠税收政策普遍实施，人们更容易申请到低利率贷款，这使得拥有住房比例又得以快速提高。到了20世纪60年代，这个数字达到60%以上，2004年，已接近70%。这个比例可能是美国历史上美国人拥有自己住房比例最高的时期（见下图）。

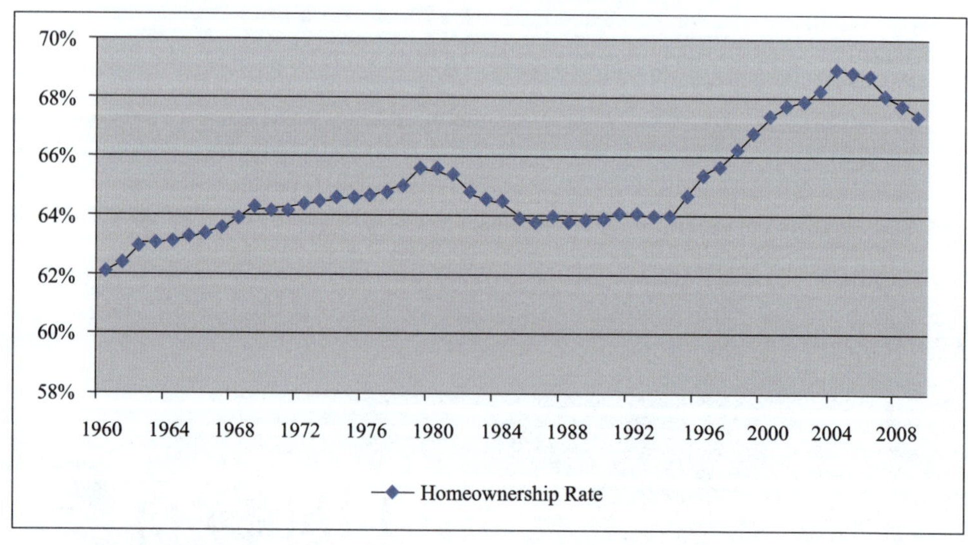

图片来源：censor. gov

以上数字仅仅是平均数，实际上，美国社会不同族裔的房屋拥有比例差别很大，其中白人拥有房子的比例最高，达到74.8%；其次是亚洲人，占59.3%；随后是南美人，占48.4%；美国黑人占46.2%。

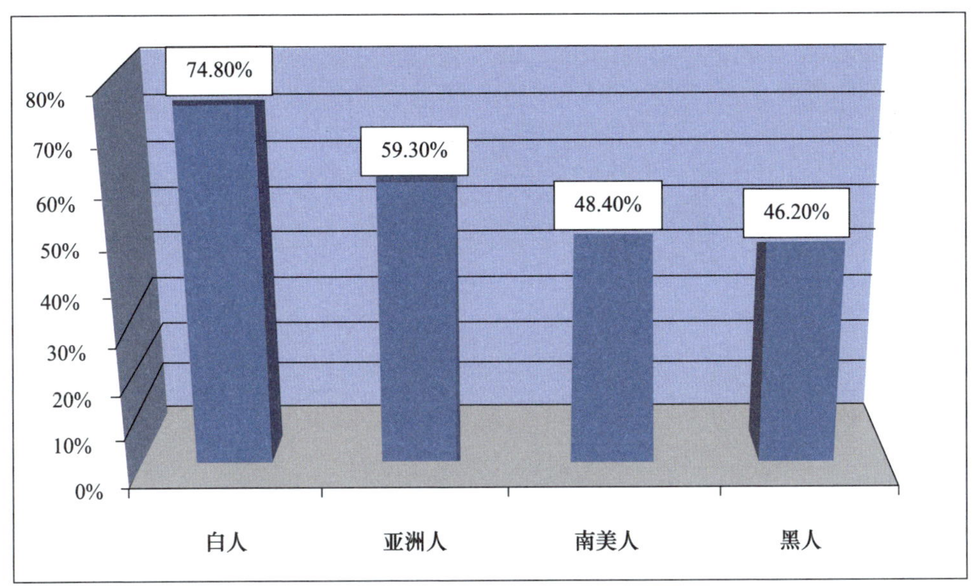

房地产业同资本主义经济体系里其他行业一样，都有不可避免的周期性。经济上升时期，就业率高，人们收入相对稳定，可支配支出增加，消费活跃，购房消费自然也在增加。反之，在经济萧条时期，失业率增加，收入大减，经济危机会影响到每个家庭和个人消费。尤其是2007年因金融债券和房地产贷款业引起的经济危机，使美国又一次经历了前所未有的萧条：大批银行和金融企业倒闭，失业率最高时上升到15%，高风险贷款人拖欠贷款不还到处可见，被银行没收的房屋也创历史新高。

一、回顾2008年美国主要都市区房价涨跌情况及被银行没收房屋数量分布图

（一）2008年美国主要都市区房价涨跌情况图（红色为跌幅最多）

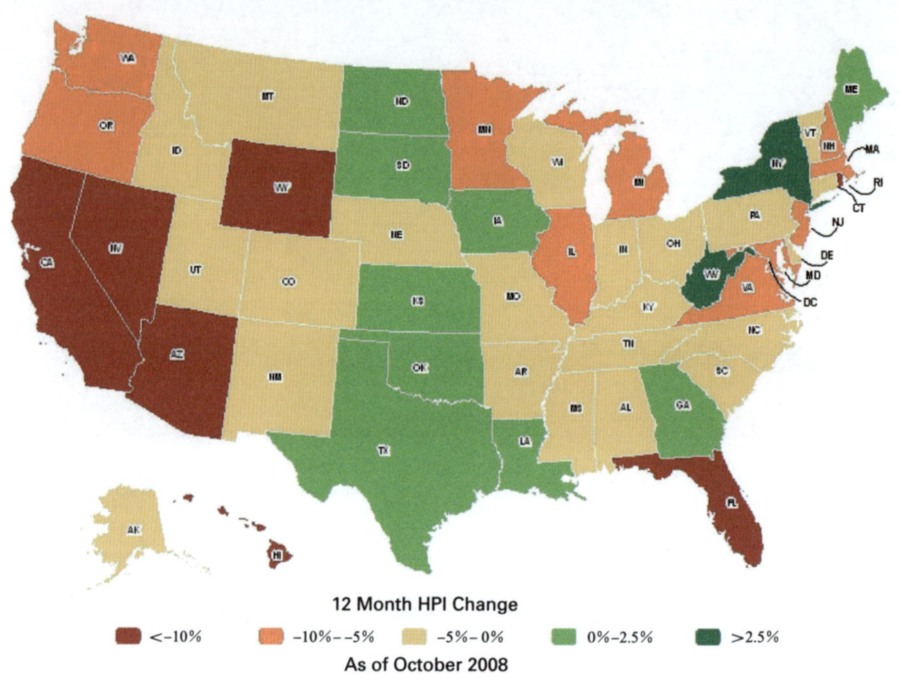

Source: First American CoreLogic, LoanPerformance HPI, 12 month change by state; single family detached series.

Biggest median price losses and gains

（二）2008年美国主要都市区房价涨跌情况表

Metro area都市区	Q3 2007 median price 2007中间价	Q3 2008 median price 2008中间价	Change 变化%
Riverside-San Bernardino-Ontario,CA加利福尼亚州河边	$375,100	$227,200	-39.40%
San Diego-Carlsbad-San Marcos, CA加利福尼亚州圣地亚哥	$589,300	$377,300	-36.00%
Los Angeles-Long Beach-Santa Ana, CA加利福尼亚州洛杉矶	$602,900	$391,400	-35.10%

续表

Metro area都市区	Q3 2007 median price 2007中间价	Q3 2008 median price 2008中间价	Change 变化%
Cape Coral-Fort Myers,FL佛罗里达州珊瑚礁	$236,700	$163,300	-31.00%
Las Vegas-Paradise,NV拉斯维加斯（赌城）	$295,500	$211,600	-28.40%
Anaheim-Santa Ana,CA(Orange Co.)加利福尼亚州安娜罕	$714,200	$517,300	-27.60%
Phoenix-Mesa-Scottsdale,AZ亚利桑那州凤凰城	$255,500	$185,100	-27.60%
San Francisco-Oakland-Fremont,CA加利福尼亚州旧金山	$824,200	$615,700	-25.30%
Washington-Arlington-Alexandria,DC-VA-MD华盛顿	$438,000	$332,700	-24.00%
San Jose-Sunnyvale-Santa Clara, CA加利福尼亚州硅谷	$850,000	$650,000	-23.50%
Lansing-E.Lansing,MI缅因州蓝星	$133,700	$102,600	-23.30%
Tampa-St.Petersburg-Clearwater, FL佛罗里达州坦帕	$218,300	$173,400	-20.60%
Palm Bay-Melbourne-Titusville, FL佛罗里达州棕榈湾	$182,400	$145,300	-20.30%
Reno-Sparks,NV内华达州雷诺	$317,300	$253,400	-20.10%
Orlando,FL佛罗里达州奥兰朵迪斯尼	$266,800	$213,400	-20.00%
Tucson,AZ亚利桑那州图桑	$244,800	$199,300	-18.60%
Sarasota-Bradenton-Venice,FL佛罗里达州萨拉苏塔	$287,400	$237,400	-17.40%
Miami-Fort Lauderdale-Miami Beach,FL佛罗里达州迈阿密	$346,300	$287,800	-16.90%
Deltona-Daytona Beach-Ormond Beach,FL佛罗里达州得图娜海滩	$195,000	$162,300	-16.80%
Elmira,NY纽约	$93,300	$105,000	12.50%
Decatur,IL伊利诺伊	$85,900	$93,400	8.70%

续表

Metro area都市区	Q3 2007 median price 2007中间价	Q3 2008 median price 2008中间价	Change 变化%
Bloomington-Normal,IL伊利诺伊	$155,800	$168,400	8.10%
Wichita,KS堪萨斯	$118,800	$125,300	5.50%
Tulsa,OK奥克拉何马	$133,000	$139,800	5.10%
Amarillo,TX的克萨斯	$123,100	$128,300	4.20%
Trenton-Ewing,NJ新泽西	$328,600	$342,500	4.20%
New Orleans-Metairie-Kenner, LA	$160,200	$166,800	4.10%
Charleston,WV西佛基尼亚	$123,400	$127,700	3.50%
Buffalo-Niagara Falls,NY纽约	$110,900	$114,200	3.00%
Houston-Baytown-Sugar Land, TX	$155,800	$160,200	2.80%
Champaign-Urbana,IL伊利诺伊	$142,600	$146,400	2.70%
Syracuse,NY纽约	$124,900	$127,300	1.90%
Mobile,AL阿拉巴马	$136,300	$138,700	1.80%
Farmington,NM新墨西哥	$190,400	$193,600	1.70%
Oklahoma City,OK奥克拉何马	$130,000	$132,100	1.60%
Austin-Round Rock,TX德克萨斯	$188,200	$190,900	1.40%
Des Moines,IA爱欧瓦	$153,900	$155,400	1.00%
Columbia,MO密苏里	$149,900	$151,300	0.90%
Lincoln,NE纳布拉斯卡	$138,800	$140,100	0.90%

Source：National Association of Realtors

资料来源：国家经纪人协会

（三）美国被银行没收房屋数量分布图

下面这张地图按颜色标出了近两年全美国被银行没收房屋的地区分布。棕色越深，表示数量越大。从图中可以看出，整个西海岸和东南部佛罗里达州分布最广，面积也大。东岸和大面积的中部只有零星部分地区有被银行没收房子的情况。

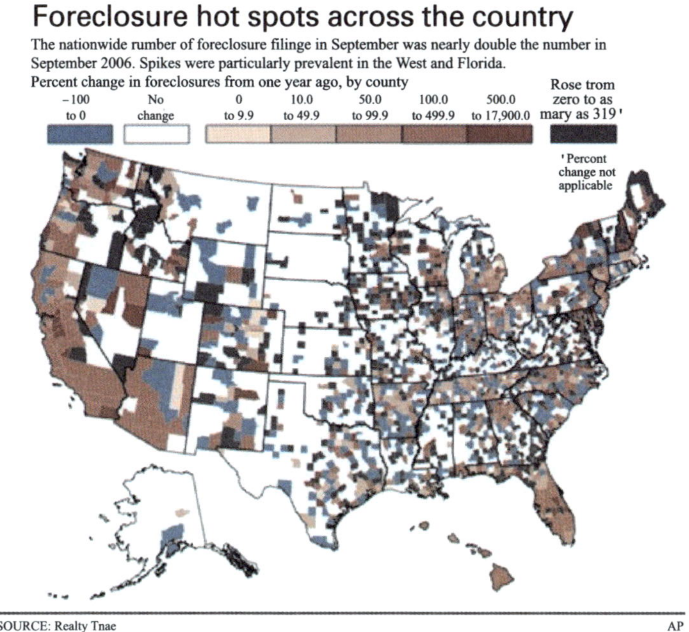

二、盘点美国2006年—2010年被银行没收房屋数量

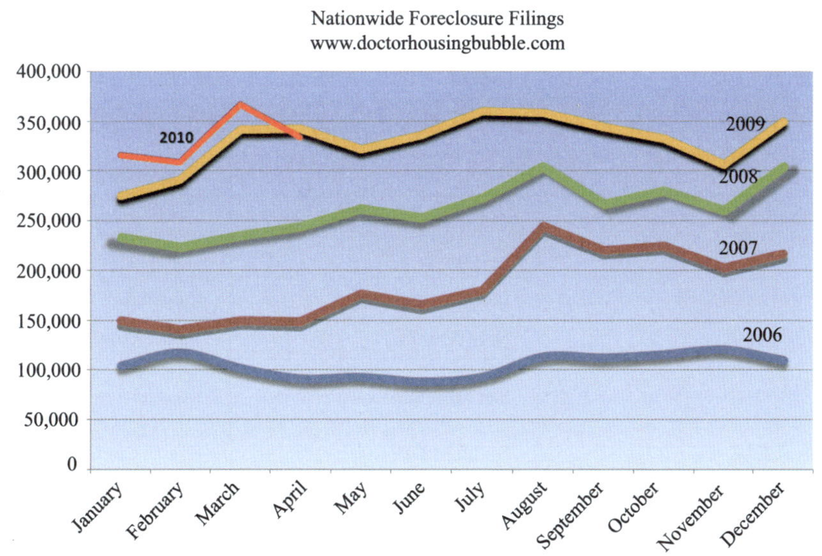

2006 年起，拖欠贷款的屋主开始增多，从平均每月 10 万件增加到 2007 年的 22 万件，而且丝毫没有减缓的趋势。2008 年比 2007 年又增加了 30%，2009 年比 2008 年增加了 20%，2010 年的 3 月达到顶峰，全美国平均每月由银行发出的没收房屋通知达到 37 万件。

造成这种情况的原因很多，除了屋主欠款的因素外，银行和金融机构的做法是另一重要原因。由于这次金融信贷危机是美国乃至全世界都前所未有的，因此这些机构感到无论从人员还是处理方法和规范都严重缺乏。其结果是大量案件积压，没有足够的人员来处理。即便是请到人，这些人也不一定很懂行，因此处理起来很慢。在遇到比较复杂的案件时，下级还要上报上级主管，但由于很多新的和怪现象的出现，因为缺乏相应的规范，无章可循，连上级主管也很难找到正确的决方法，因此案件越积越多。

推迟没收房子的速度和减少上市出售的数量，对调节市场价格和稳定市场起到了非常积极的作用。首先这给房屋主人更多的时间去安排自己的财务，比如同银行谈调整贷款利率和金额，推迟付款等；其次减少房屋上市数量会改变买主在买房时挑三拣四、砍价压价的情况，从而把买方市场调节到卖方市场。这种调控的实施结果非常有效，2009 年下半年，虽说被银行没收的房屋数量达到顶峰，但是他们没有把所有的房子全部放到市场上出售，而是放慢步伐，逐步分批出售。2010 年，被银行没收房屋市场出现了转机，美国各主要市场出现供不应求的情况，买方可选择的余地逐渐缩小，状况好、价格好的房子开始出现竞标购买的情况，市场逐步得以稳定，价格开始回升。从美国几个主要都市区的整体情况看，银行房子交易量在 2010 年回升了 10%左右。市场本来供过于求的状况彻底改变，谷底价格将一去不复返。

（2008-3-17Fortune magazine）Housing Bubble“Dead Zones”财富杂志分析的城市类别

“Dead Zones”重灾区城市	“Danger Zones”危险城市	“Safe Havens”安全城市
Boston波士顿	Chicago芝加哥	Cleveland克里夫兰
Las Vegas拉斯维加斯	Los Angeles洛杉矶	Columbus格伦巴斯
Miami迈阿密	New York纽约	Dallas达拉斯
Washington D.C./Northern Virginia 华盛顿	San Francisco/Oakland旧金山	Houston休斯敦
Phoenix凤凰城	Seattle西雅图	Kansas City堪萨斯
Sacramento萨克拉门托		Omaha欧玛哈
San Diego圣地亚哥		Pittsburgh匹兹堡

重灾区城市的特点是房屋价格普遍从最高点下跌 50%以上，有个别地区甚至更多。例如著名赌城拉斯维加斯，由于前几年的过度开发，房屋供应量严重过剩，造成房价大跌，多数地区的价格已经跌到建房成本以下。

随着金融界处理此类业务规范程度和人员对业务熟练程度的提高，加上金融机构的政策调整，如减轻屋主债务、推迟收回房屋的速度、减少房屋上市数量等，2010 年底这类房屋的数量急剧下降，其中加利福尼亚州降了 9.3%，华盛顿州降了 31.7%，全美国平均大约降了 25.5%。①

三、美国历史上的房价走势概况

（一）1970年—2012年美国房价走势

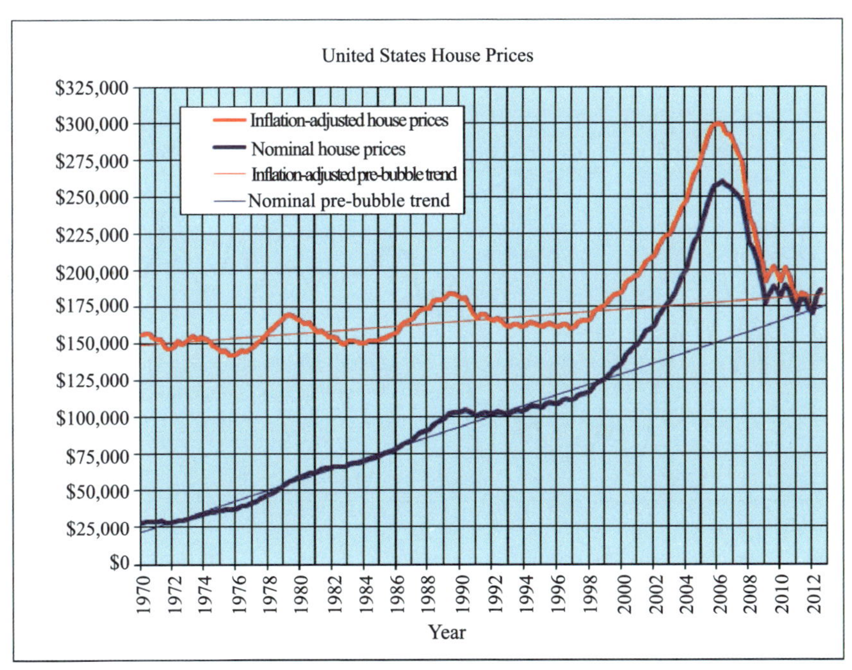

图例：粗红线为通货膨胀调整后的房价，粗蓝线为正常房价，细红线为泡沫前调整走势，细蓝线为泡沫前走势。

① foreclosureradar. com

图中显示，1970 年，全美国的平均房价为 2.5 万美元，10 年以后的 1980 年翻了一倍达到 5 万美元。1990 年又翻了一番，达到 10 万美元。1998 年开始，整个房市场开始逐步进入泡沫状况，8 年内翻了一翻还多，达到 24 万美元。

这里显示的数据是全美国的，因每个地区房价差别很大，要想了解具体情况还要查相关资料。

（二）1890年—2010年美国房价走势

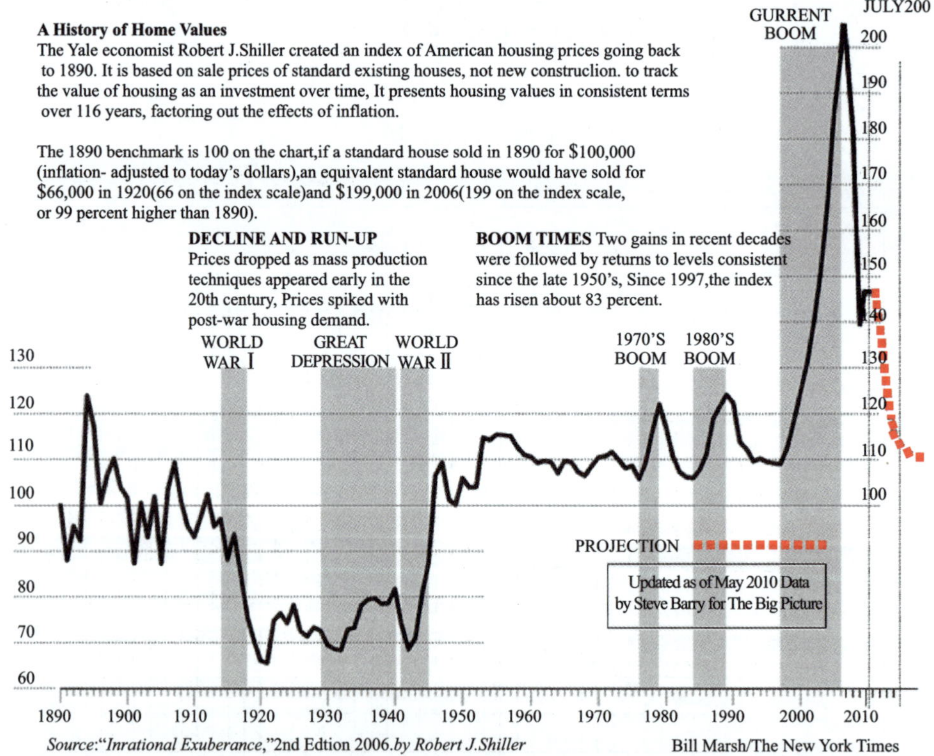

耶鲁大学经济学家施乐为美国从 1890 年到 2010 年的房价设计了该图表。此表按市场上的成交价为准，但不包括新房，也不包括通货膨胀因素。设指数以 1890 年为 100，以后数字按此基数浮动。阴影部分为出现经济危机的年份。

（三）1880年—2010年同房价有关的各种数据

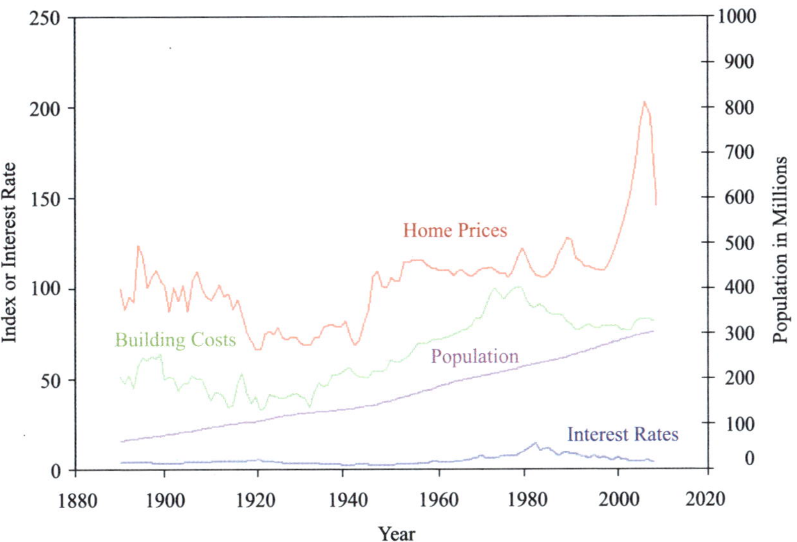

（1）左数轴为贷款利息指数，（2）右数轴为人口（百万），（3）红线为房价，（4）黄线为建房成本，（5）紫线为人口增长，（6）蓝线为利息。

第二章

美国主要都市区房价概况

一、纽约（纽约州）

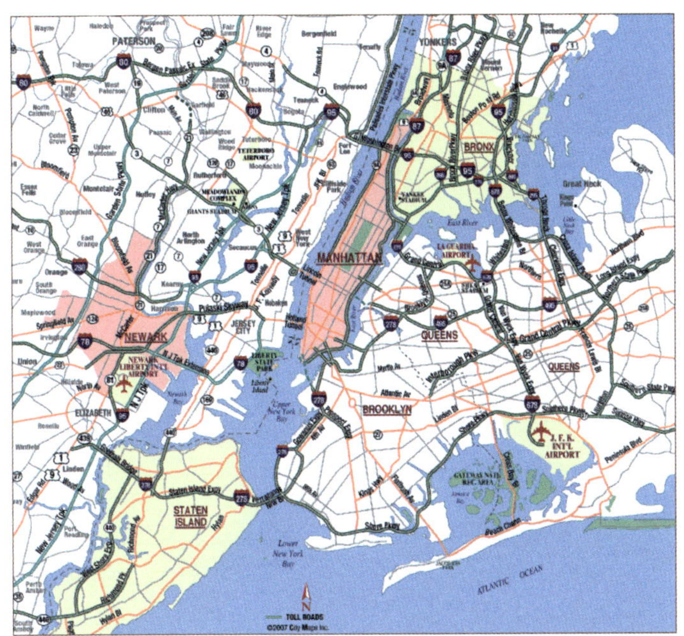

纽约市的房价在美国东海岸是最贵的，尤其是中心区。近五年来虽然房市在波动，但平均走势呈平稳上升趋势。2008 年上半年房价达到顶峰后便开始下滑，到 2009 年中达到低谷，此后一直呈上升走势。到 2010 年底，平均价格已经上升 10 万美元。

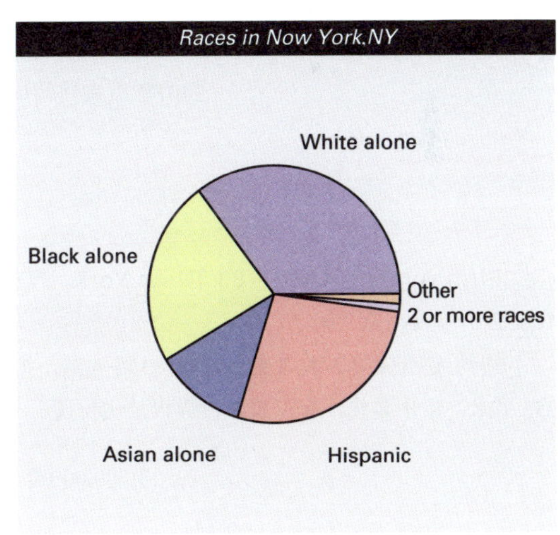

纽约人口构成

- White alone–2,961,851（35.3%）　白人：35%
- Hispanic–2,315,041（27.6%）　南美人：27%
- Black alone–1,931,723（23.0%）　黑人：23%
- Asian alone–998,081（11.9%）　亚洲人：12%

2010 年第四季度房子中间价已经比 2009 年同时期增长 11%，平均售价增长 14%。各种价位的房子出售情况都很热。千万美元以上豪宅市场最高峰时的 2008 年第一季度有 55 栋成交，而 2009 年第四季度仅有 18 栋。但 2010 年的第三、四季度均有 25 栋成交。这是两年以来的最好水平。公寓楼成交量也已上涨36%，较典型的是有4栋300万美元到500万美元的公寓楼在7天内成交。纽约房地产市场的稳步回升已见端倪。①

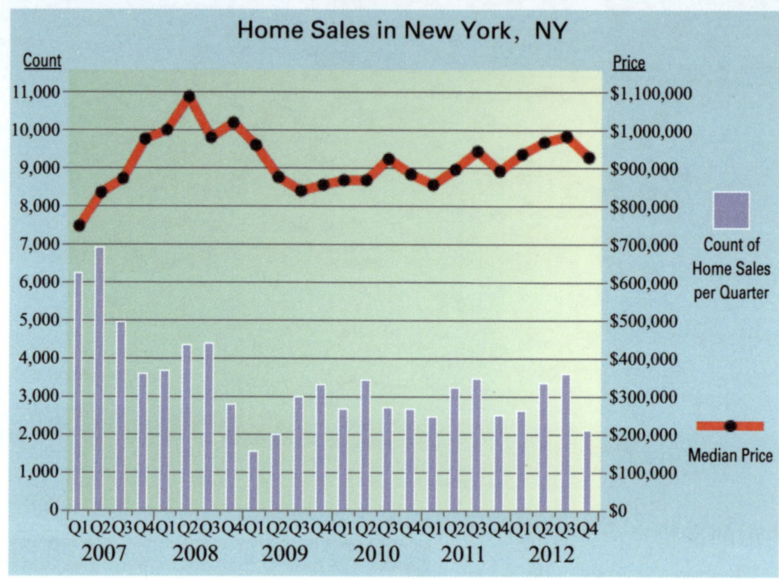

2007年以来纽约房价走势图

Fifth Avenue Unit：61 INew York，NY 10022

纽约 曼哈顿第5大道豪华公寓，3卧4浴，约250平米，豪华装修，有海景，世界级顶尖位置。

13,500,000美元

① 纽约时报 2011-1-4

Tennis PlForest Hills，NY 11375

纽约 森林山，德式别墅，7卧6浴，约580平米，占地约950平米，有地下室。

5,999,000美元

Wooddale AveStaten Island，NY 10301

纽约 斯坦顿岛，现代派别墅，4卧4浴，游泳池，户外烧烤设施，占地约850平米。

2,900,000美元

W 256th StNew York，NY 10471

纽约 独立别墅，5卧5浴，约340平米，正餐厅，书房，竹木地板，中央空调，位置方便。

1,700,000美元

41 Ave Unit Flushing，NY 11355

纽约 法拉盛，高档公寓，2卧2浴，约120平米，新装修，位置极佳，交通，购物，学校方便，有暖气。

800,000美元

二、波士顿（马萨诸塞州）

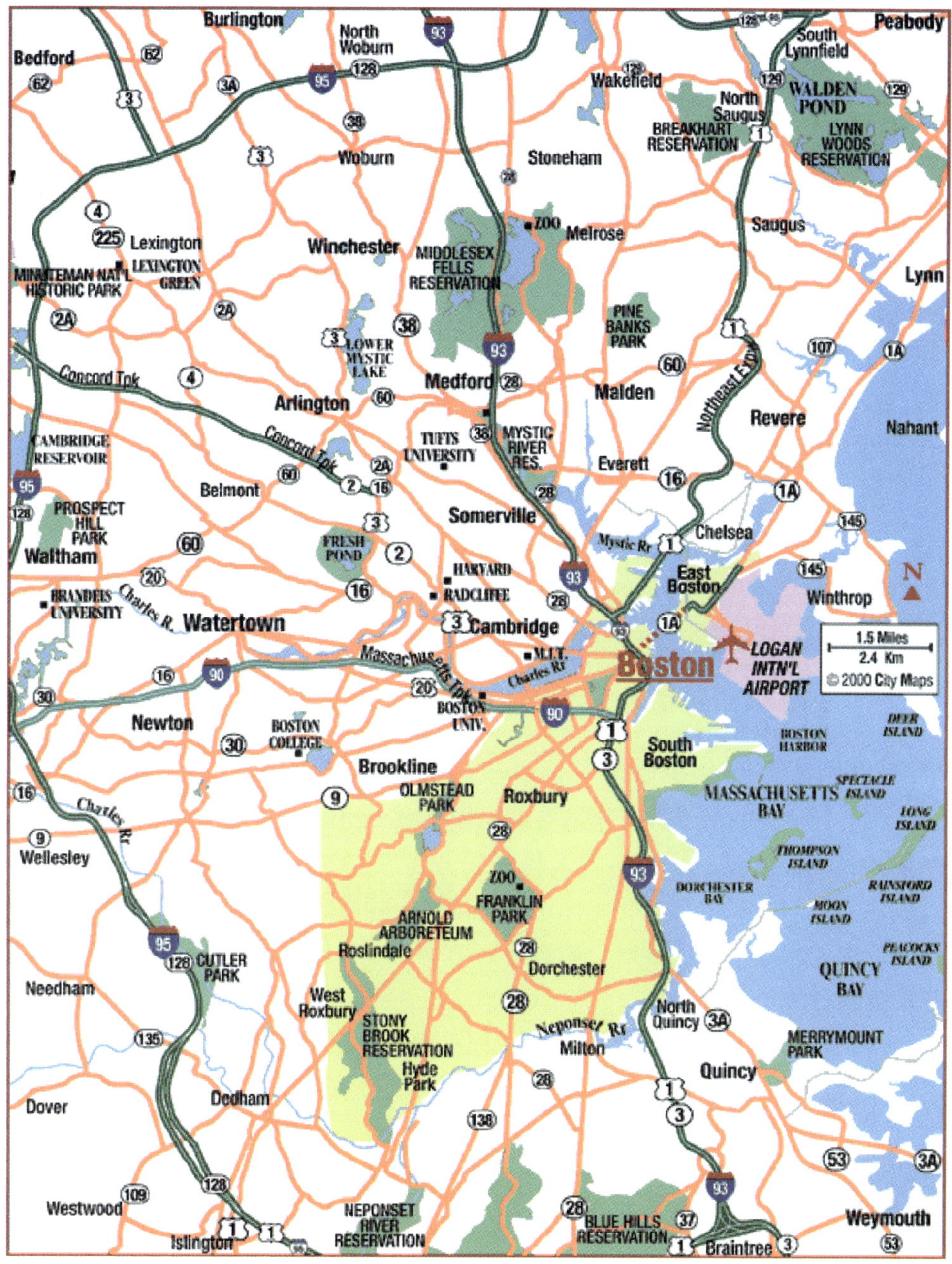
Burlington
North Woburn
Peabody
South Lynnfield
Bedford
Wakefield
North Saugus
WALDEN POND
BREAKHART RESERVATION
LYNN WOODS RESERVATION
Woburn
Stoneham
Saugus
Lexington
Winchester
MIDDLESEX FELLS RESERVATION
ZOO
Melrose
MINUTEMAN NAT'L HISTORIC PARK
LEXINGTON GREEN
Lynn
PINE BANKS PARK
LOWER MYSTIC LAKE
Concord Tpk
Medford
Malden
Northeast Expy
Arlington
Revere
Nahant
CAMBRIDGE RESERVOIR
TUFTS UNIVERSITY
MYSTIC RIVER RES.
Everett
Concord Tpk
Belmont
PROSPECT HILL PARK
Somerville
Chelsea
Waltham
FRESH POND
Mystic Rv
East Boston
HARVARD
RADCLIFFE
Winthrop
N
BRANDEIS UNIVERSITY
Charles R.
Watertown
Cambridge
1.5 Miles
2.4 Km
© 2000 City Maps
M.I.T.
Boston
LOGAN INTN'L AIRPORT
Massachusetts Tpk
Charles Rv
BOSTON UNIV.
Newton
BOSTON COLLEGE
South Boston
DEER ISLAND
BOSTON HARBOR
Brookline
OLMSTEAD PARK
Roxbury
MASSACHUSETTS BAY
SPECTACLE ISLAND
Charles Rv
LONG ISLAND
Wellesley
THOMPSON ISLAND
ZOO
FRANKLIN PARK
DORCHESTER BAY
RAINSFORD ISLAND
ARNOLD ARBORETEUM
MOON ISLAND
Roslindale
CUTLER PARK
Dorchester
PEACOCKS ISLAND
QUINCY BAY
Needham
West Roxbury
North Quincy
STONY BROOK RESERVATION
Neponset Rv
Milton
MERRYMOUNT PARK
Hyde Park
Quincy
Dover
Dedham
Westwood
NEPONSET RIVER RESERVATION
BLUE HILLS RESERVATION
Weymouth
Islington
Braintree

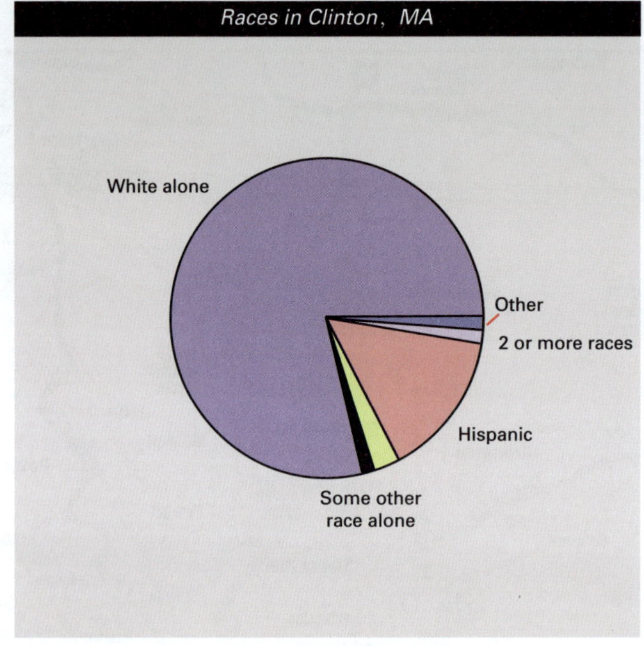

波士顿人口构成

• White alone-330,367（51.2%）	白人：51%
• Black alone-139,841（21.7%）	黑人：21%
• Hispanic-104,866（16.3%）	南美人：16%
• Asian alone-48,227（7.5%）	亚洲人：7%

波士顿地区的房子近五年来一直比较平稳。2010年初，联邦政府提出房地产刺激计划，对第一次买房的人提供现金优惠10,000美元。凡是在2010年7月底之前过户的买主都享受此优惠。这使波士顿的房地产市场一时之间出现了供不应求的状况，房价猛增。刺激计划结止后，房价立即回到原点，即正常的浮动范围之内。

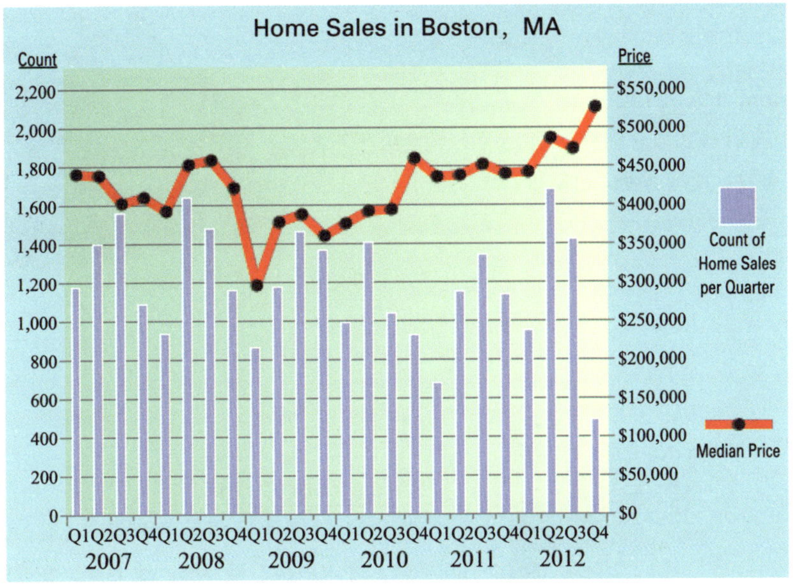

2007年以来波士顿房价走势图

Boston，MA 02116

波士顿 1872 年庄园，50 个房间，28 个壁炉，约 2600 平米，4 车库，占地约 1200 平米。

23,000,000美元

Commonwealth Ave Unit：4bBoston，MA 02116

波士顿 联邦大道豪华公寓，3 卧，2 浴，约 200 平米，精装修，环境幽雅，交通方便。

1,695,000美元

Boston，MA 02132

波士顿 杜德式独立别墅，5卧，5浴，约340平米，地下室，购物，交通方便，已降价。

599,900美元

Boston，MA 02126

波士顿 殖民地风格独立别墅，4卧，2浴，约160平米，硬木地板，精装修，地下室，好学区。

299,900美元

Boston，MA 02124

波士顿 20年新，3卧，2浴，约140平米，需要装修，近公交，购物，上班方便。

88,850美元

三、迈阿密（佛罗里达州）

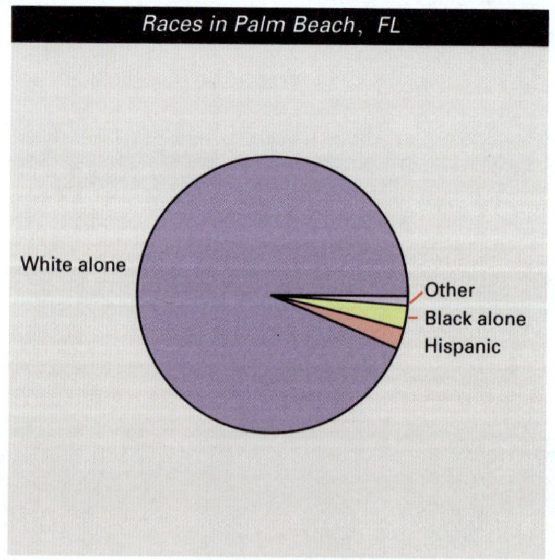

棕榈滩人口构成

- White alone-9,817（93.8%）
- Hispanic-268（2.6%）
- Black alone-262（2.5%）
- Asian alone-55（0.5%）

白人：94%
南美人：3%
黑人：2.5%
亚洲人：0.5%

佛罗里达州的房地产市场在这次经济危机中首创最重。原因很多，但最主要的原因是开发过度，供大于求。另外，到本州来买房的投资者多数是在炒作投机，而非居住。因此市场一旦有风吹草动便很容易造成市场恐慌，竞相抛售。同时本州的最大支柱产业旅游业也受经济形势影响而一蹶不振，加剧了房地产市场的波动。佛罗里达州的房地产价格差别很大，有价值连城的海景豪宅，也有普通百姓住的社区。下列走势图显示了比较有名的棕榈滩地区的情况。

房价在2006年达到顶峰，2007年、2008年一直下跌，到2009年初跌至低谷，2010年初开始逐步回升。尽管房子供货量远远超过需求，个别地区的房市仍已呈现上升趋势，潜在的买主在2011年活跃起来。贷款利息在2011年会有所提高，从2009年的4.75％上升到2011年的5.75％。新建房屋将会增加20％，但比起已经下跌了80％的数字，这个增幅显然不够。①

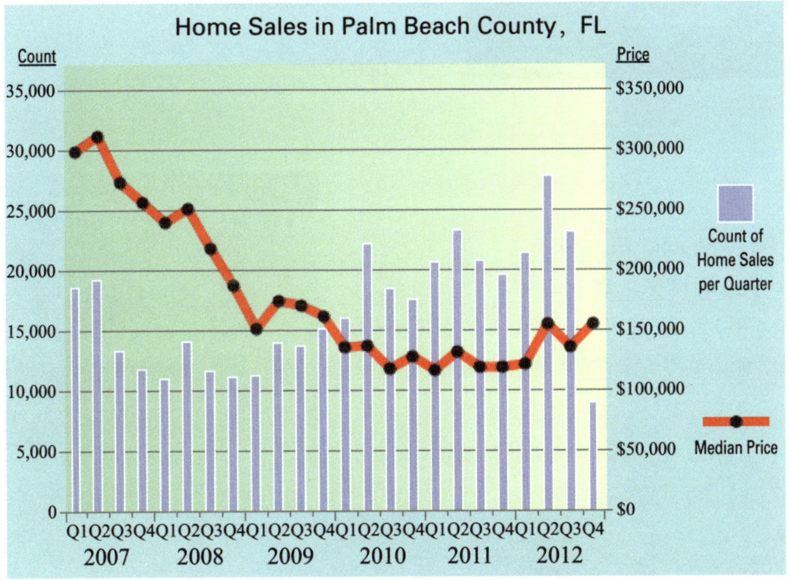

2007年以来棕榈滩房价走势图

① news.morningstar.com

Arvida PwCoral Gables，FL 33156

佛罗里达 珊瑚角，地中海风格海景豪宅，5卧，8浴，约1300平米，占地约1.8亩，私家码头，游泳池，24小时警卫。

23,000,000元

Reinante AvCoral Gables，FL 33156

佛罗里达 珊瑚角，地中海风格海景豪宅，6卧，7浴，约700平米，游泳池，私家码头，现代装修，购物交通方便。

5,995,000美元

Sw 93 AvMiami，FL 33176

佛罗里达 迈阿密，地中海风格别墅，5卧，5浴，约460平米，占地约1600平米，位置极佳，交通购物方便。

799,000美元

Sw 72 TeMiami，FL 33193

佛罗里达 迈阿密，连体别墅，4卧，3浴，约160平米，硬木地板，社区游泳池，俱乐部，公共社区管理。

186,500美元

Sw 236 TeMiami，FL 33032

佛罗里达 迈阿密，连体别墅，3 卧，2 浴，约 140 平米，精装修，社区俱乐部，游泳池，近学校和公共交通。

57,000美元

四、达拉斯（德克萨斯州）

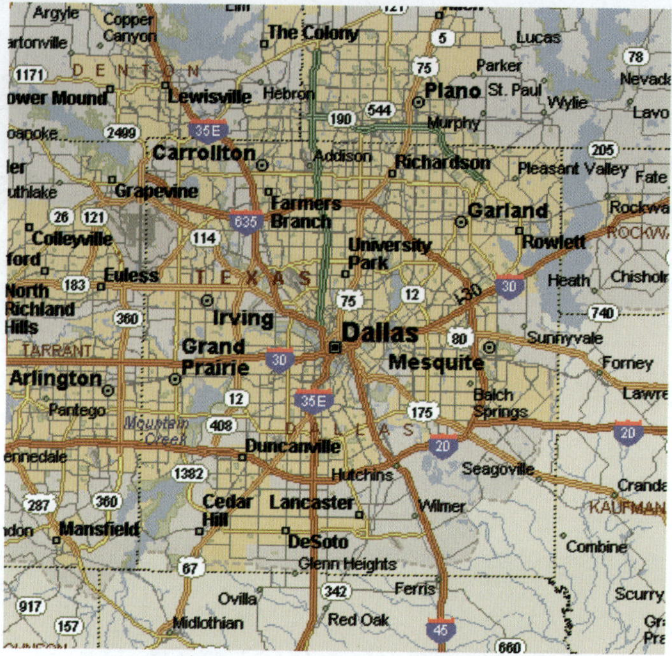

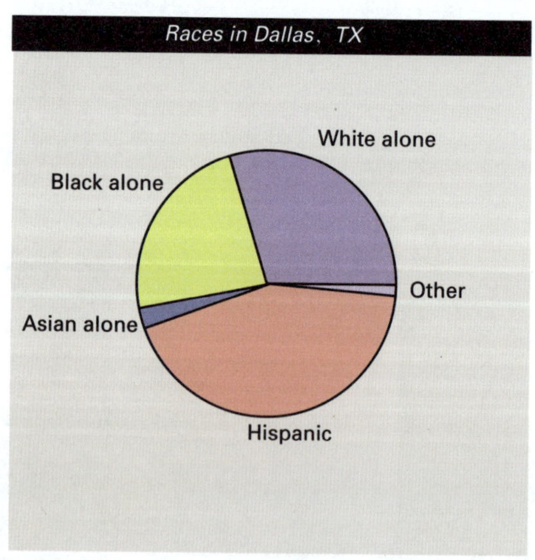

达拉斯人口构成

• Hispanic–559,969（43.1%）	南美人：43%
• White alone–396,924（30.5%）	白人：30%
• Black alone–289,271（22.3%）	黑人：22%
• Asian alone–35,711（2.7%）	亚洲人：3%

达拉斯房地产市场近 5 年来一直处于低迷状况。2008 年上半年价格开始回升。但随着全国经济形势的恶化，价格已开始走下坡路，并于 2009 年初探底。随后市场价格又开始逐步回升。从目前情况看，再次探低的机会不大。随经济情况的好转，房地产价格也将趋于稳定。

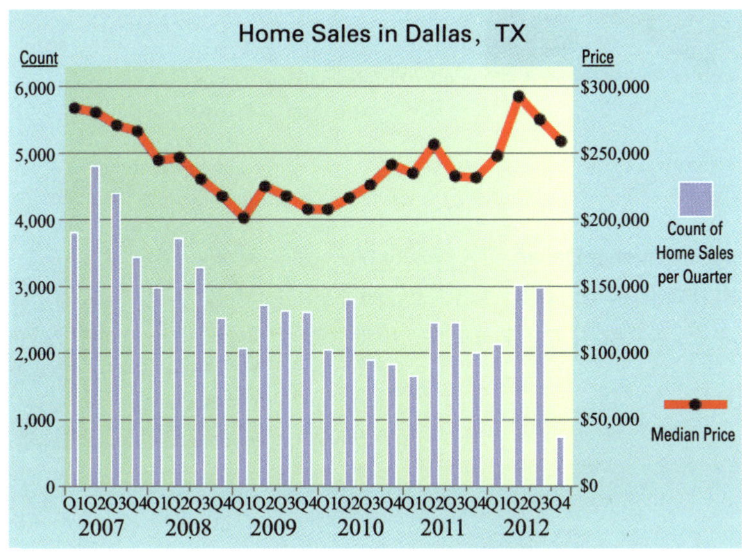

2007年以来达拉斯房价走势图

NorthavenDallas，TX 75230

达拉斯 顶级现代风格别墅，7 卧，8 浴，约 1500 平米，占地约 7100 平米，3 车库，好学区，交通方便。

11,500,000美元

Potomac AvenueHighland Park，TX 75205

达拉斯 海蓝公园，欧式豪宅，5卧，6浴，约600平米，占地约1600平米，3层2车库，精装修，游泳池。

3,395,000美元

Morningside AvenueDallas，TX 75206

达拉斯 杜德式别墅，4卧，3浴，约280平米，占地约740平米，2车库，2层，装修豪华，中央空调。

599,900美元

Cliff Ridge DriveDallas，TX 75249

达拉斯 新社区独立别墅，4卧，2浴，约250平米，中央空调，高屋顶，精装修，阳光好，近购物。

199,990美元

Blanton StreetDallas，TX 75227

达拉斯 独立别墅3卧，2浴，约210平米，占地约750平米，交通方便，好学区，近交通购物。

80,000美元

五、拉斯维加斯（赌城，内华达州）

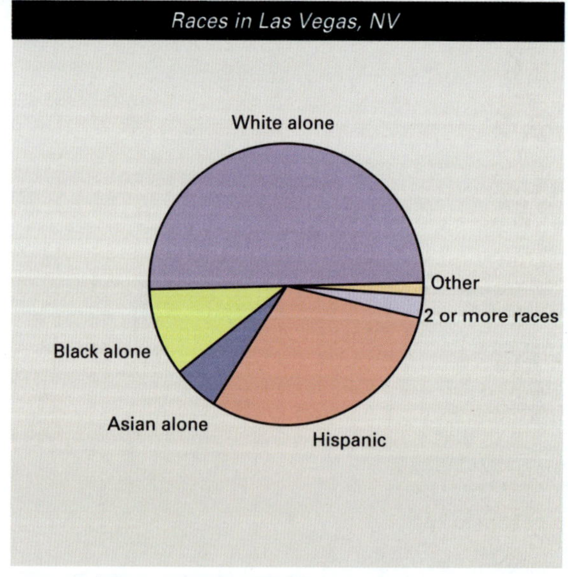

拉斯维加斯人口构成

- White alone–274,716（48.4%） 白人：48%
- Hispanic–184,211（32.5%） 南美人：32%
- Black alone–57,885（10.2%） 黑人：10%
- Asian alone–32,442（5.7%） 亚洲人：6%

内华达州的拉斯维加斯是世界著名赌城，其房地产市场在2007年达到顶峰以后便一直下滑。旅游业的重创对房地产价格更是火上浇油，两年的跌幅达到50%，有的地方价格已经跌到建筑成本以下。2009年的房价已经到达谷底，2010年是价格在低谷的徘徊期。以拉斯维加斯为中心的南内华达州，在2010年下半年所有出售的房子中，有26%属于短售房屋。而目前市场上正在出售的房子里有44%为银行收回的房屋。由于房价超低，拉斯维加斯已经吸引了各地的投资者前来采购。2010年下半年，市场上已卖掉的房屋中，有47.8%为现金购买。

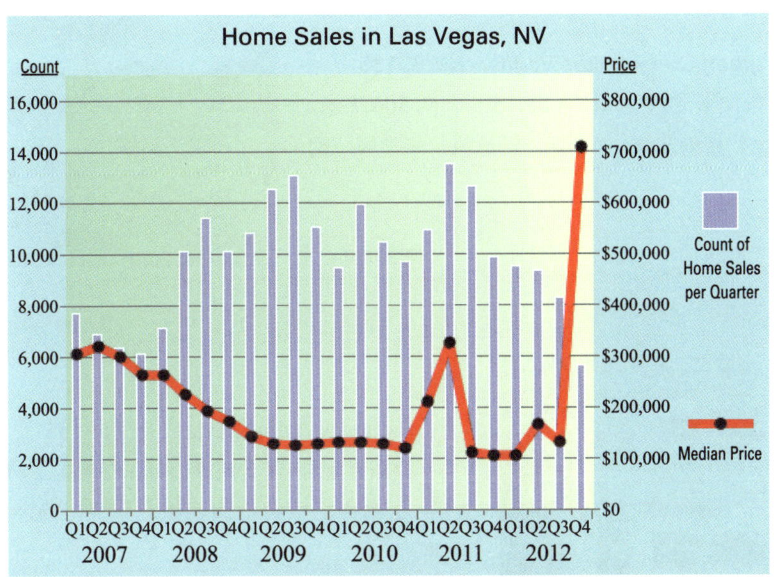

2007年以来拉斯维加斯房价走势图

Tomiyasu LnLas Vegas，NV 89120

拉斯维加斯 极品豪宅，18间卧室，27间浴室，12个车库，约7300平米，占地约50,000平米，马厩，跑马场。

37,500,000美元

Stony Ridge Dr，Las Vegas，NV 89144

拉斯维加斯 独立别墅，8 卧，9 浴，约 850 平米，占地约 2800 平米，2 层，4 个壁炉，大理石装修，高屋顶。

2,439,000美元

Evergreen Creek LnLas Vegas，NV 89135

拉斯维加斯 独立别墅，4 卧，5 浴，约 300 平米，大理石地面，精细装修，3 车库，游泳池，好学区，购物方便。

799,000美元

Higger or AvLas Vegas，NV 89139

拉斯维加斯 独立别墅，4 卧，3 浴，约 165 平米，2 层，2 车库，中央空调系统，社区安静，购物交通方便。

110,000美元

Joyful StLas Vegas，NV 89115

拉斯维加斯 独立别墅，3 卧，3 浴，约 160 平米，1 车库，占地约 210 平米，近公共交通，上班购物方便。

59,900美元

六、西雅图（华盛顿州）

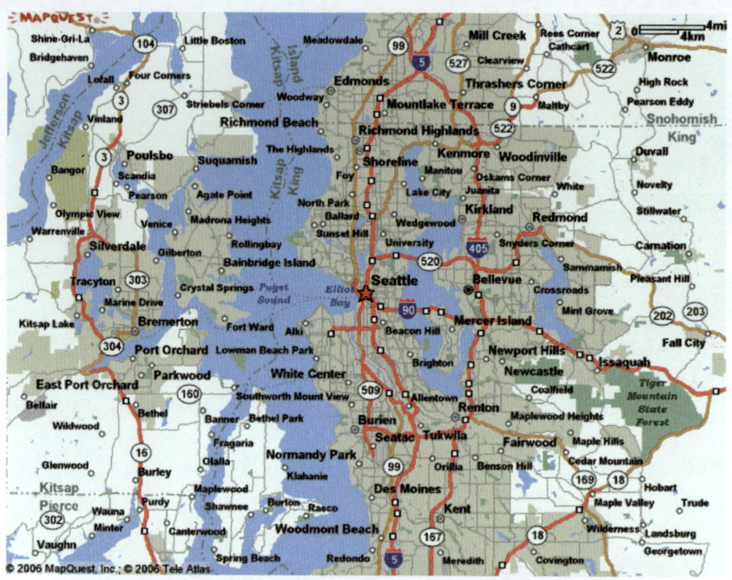

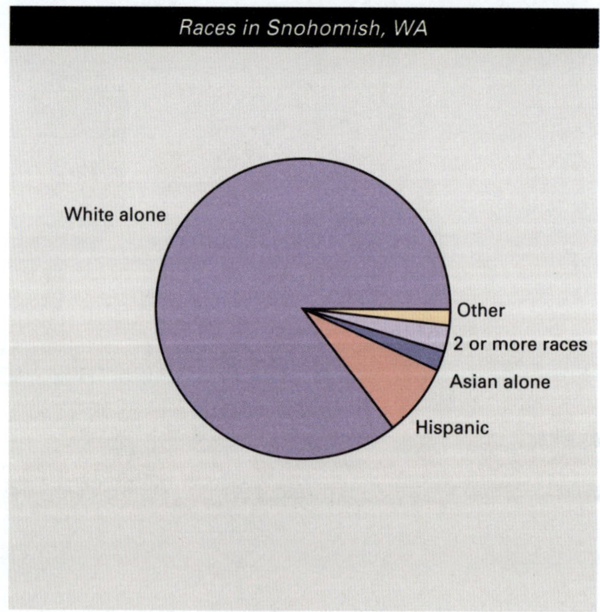

西雅图人口构成

• White alone–425,533（69.0%）	白人：69%
• Asian alone–80,885（13.1%）	亚洲人：13%
• Black alone–41,940（6.8%）	黑人：7%
• Hispanic–37,337（6.1%）	南美人：6%

西雅图房地产市场波动不大，尽管全美国出现金融危机，同美国其他地方相比，西雅图可以说是置身以外。但是 2010 年联邦政府提供的购房补贴使价格猛涨一倍，随后又回到原点。

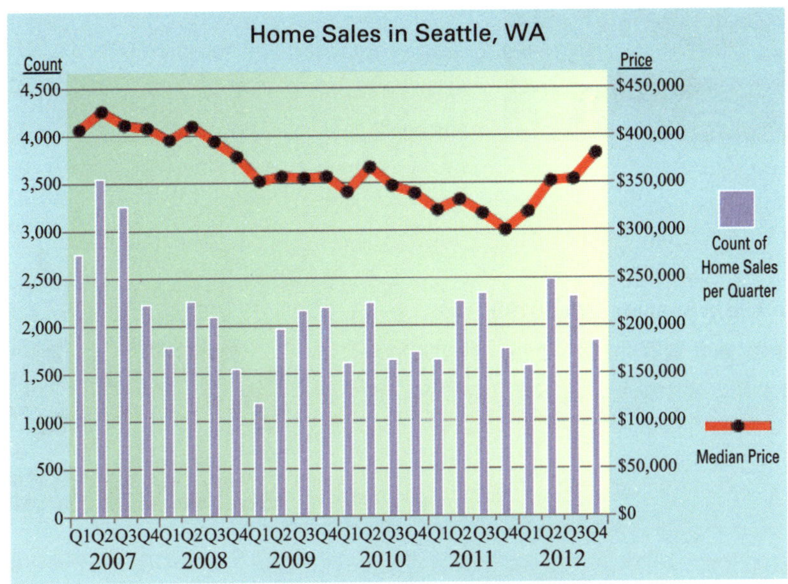

2007年以来西雅图房价走势图

Shenandoah Dr ESeattle，WA 98112

西雅图 顶级别墅，6 卧，8 浴，约 1000 平米，占地约 2200 平米，中央吸尘系统，硬木地板，高档社区，极为安全。

7,950,000美元

E Hamlin StSeattle，WA 98102

西雅图 独立别墅，4卧，4浴，约250平米，占地约430平米，合成地板，卧室地毯，私家码头，湖景极佳。

1,295,000美元

27th Ave WSeattle，WA 98199

西雅图 独立别墅，3卧，2浴，约250平米，占地约520平米，硬木地板，地下室，好学区，进公交系统。

600,000美元

S 245 PlaceDes Moines，WA 98198

西雅图 莫尼斯，独立别墅，4卧，2浴，约165平米，占地约600平米，精装修，专业管理花园，空调，大理石地砖。

289,000美元

19th Ave SwSeattle，WA 98146

西雅图 独立别墅，2卧，1浴，110平米，房子需大修，占地约800平米，价值在地上。

54,900美元

第三章

加利福尼亚州主要都市区房价概况

一、加利福尼亚州概况

加利福尼亚州位于美国西部，面对太平洋，南临墨西哥，北临华盛顿州，东临内华达州，人口约3800万，为美国第一大洲，面积约42万平方公里，为美国第三。州政府所在地为萨克拉门托。加利福尼亚州有58个县，459个城镇，全州有68%的人口居住在下列都市区内：洛杉矶、旧金山海湾地区、圣地亚哥和萨克拉门托。

加利福尼亚州的生态系统是世界上最为多样化的，不但有着世界上最为脆弱的濒危生态系统，而且还有很多别处已经见不到的特有物种，比如丁香花，它是由几种相同的原根系在加州的多种生态系统中演变而来。加州的红木林中生长着世界上最高、最大和最古老的红木树，约有4000年的历史，是世界上不多见的现存物种之一。目前加州已将近百种植物列为濒危保护物种。

加利福尼亚州的气候属于地中海气候，平原地区既无严寒，也无酷暑。冬季多雨，夏季干燥。可以说冬不用棉衣，夏不用空调。加利福尼亚州北部降雨量高于南部，气候的多样化常常可以让人们一天就能体验四季：每年的四五月份，沿海一带和平原已进入夏季，中谷地区接近山区一带仍处在春秋时节的气温，而东部山区仍是白雪皑皑，很多滑雪场仍向游人开放。所以住在旧金山和硅谷地区的人们可以在夏天的早晨出发，上午穿过春秋天气的中谷平原，中午到达冬天的滑雪场，体验冬季的感觉。滑雪完后，晚上返回。一天之内经历四个季节。

加利福尼亚州最大的宗教族群为罗马天主教，占全州人口的31%，福音基督新教占18%，穆斯林人口约100万，仅在圣地亚哥就有约10万。全美国信佛教的人口约有40%住在加利福尼亚州南部，而在洛杉矶市中心，人们可以找到各种佛学院及佛教机构。这在美国是独一无二的。南北加利福尼亚州分别有一个西半球最大的寺院，一个是北加州的万佛寺，一个是南加州的西来寺。加州的犹太教人口约有100万，仅次于大纽约地区。他们大多居住在洛杉矶西部和圣佛南多地区。

加利福尼亚州有公立本科院校33所，三年社区学院118所，联邦院校2所，私立大专及本科院校116所。最著名的院校有斯坦福大学、柏克利大学、加利福尼亚州大学、加州理工等。

近些年来的新移民，他们大多受过良好的高等教育，靠自己的知识和技能很快就融入了美国主流社会。从就业取向上看，82.4%的华人在私营部门工作，而在政府部门工作的仅为14.1%。华人加入美国籍的比例在亚裔美国人中居第三位，公民数量的增多，必然转化为投票率的增高。未来华人担任政府公职及从事社区服务的热情会不断提高。华人在未来10年有望超越犹太裔成为美国第三大少数族裔，在美国政坛的影响力将随之增大。在华人较集中的旧金山政坛上，2005年旧金山市长任命了严津欣为市政府的参事。随后又有邓式美、余胤良、赵悦明等华人当选为议员，硅谷的库帕提诺市由华人胡宜兰担任市长等。我们相信，华人参政将成为一股不可逆转的潮流，美国的政界将在不久的未来有更多的华人担任领导角色。

到2010年，美国华人已接近400万，到2020年可能会达到600万。美国华人在居住、教育、职业等方面比较集中。51.4%的华裔美国人住在纽约、洛杉矶等五个大都会城市的郊区。在过去的20年里，越来越多的华裔不再居住在传统的中国城，而与其他亚裔群体住在郊区的卫星城中。在就业上，华人从事管理、软件开发、医疗、财会、审计等专业性强的高级白领工作的有很高比例，另一方面，亦有很多从事厨师、服务员等低收入蓝领工作。全国范围内，华人家庭中际收入居于较高水平，同时，华人的贫困率为9.6%，高于白人8.1%的贫困率。25岁以上华人拥有大学以上文凭的比例为51.8%，是美国平均水平的两倍，同时，华人未获得高中文凭的比例为18.7%，高于美国平均水平15.4%。华人普遍重视教育，在子女教育上投入大量时间及精力。但数据显示，华人花在人力资本上的投入回报率低于美国平均水平和白人。数据显示，同等学历下，华裔男性比白人要低 5000 ～ 1.5 万美元。如获得硕士以上学历的华人男性，平均收入为 85,805 美元，而白人男性为 86,316 美元。虽然受过高等教育的华人女性比同等学历白人女性教育回报率高，但华人女性受教育程度高，工作刻苦，是其回报率的根本原因。随着中国经济发展，返回中国的华人数量在增加，但来美国的华人数量也在增加，来美留学的华人学生年龄趋小，这是因美国教育有很多优点并被大多数人接受。

美国小学、中学、高中教育全是免费的，这与国内大不相同。在美国，只要想送孩子上学，到附近的学校报名上就是了。学校根本不问你的身份是否合法，家长也不需要求任何人，花任何钱。任何一个家长和孩子到学校报名上学都会受到非常礼貌的接待。家长只需要填写姓名，电话和住址就行了。学生的开支除一些普通的文具、写字本以及中午在学校吃一顿午餐外，没有别的任何开支。上大学才有费用，普通的大学一年的费用在 30 万人民币左右。但如果你是本州的居民，费用还会少。

二、加利福尼亚州的经济

加利福尼亚州的经济构成大概如下：

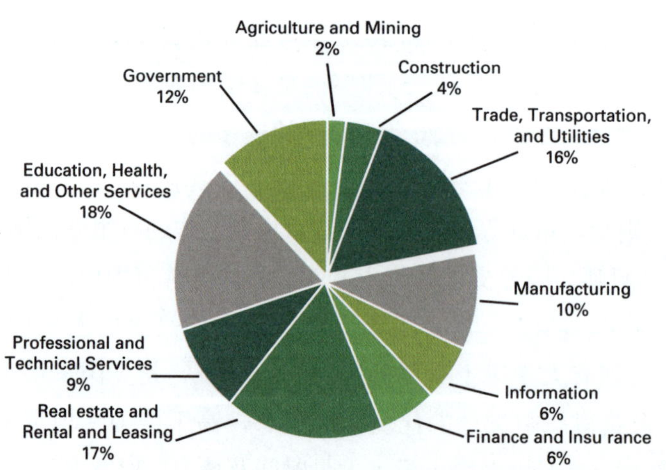

教育/医疗等服务行业：18%
房地产：17%
贸易/运输：16%
政府部门：12%
制造业：10%
专业和技术服务：9%
保险业：6%
电信：6%
建筑业：4%
农业/矿业：2%

加利福尼亚州是美国最大的工业州，在所有的工农制造业均排行第一：企业数量，就业人口，工资发放总数，高附加值产品制造，运输总额，新兴行业资产投资等。加利福尼亚州是下列产业的龙头：机械制造、金属加工、农产品生产、食品加工、太空科技、电子计算机、通讯、生物科技和影视媒体等。根据2008年的统计数据，加州的工农业总产值为1812.2亿美元，为全美之冠，占全美国国民总产值的13%。如把加州作为一个独立的国家，它将是世界第八大经济体，超过意大利。

旧金山是加利福尼亚州制造业的发源地。造船，铸造，采矿和面粉加工带动的相关行业使旧金山成为加利福尼亚州最早的工业中心。淘金热吸引了大量的移民和资金，使圣弗朗西斯科的工业在淘金热以后的40多年里得到快速发展，也为以后的工业起飞奠定了基础。从1899年到1914年的15年里，新建工厂的数量翻了一翻。在1900年，加州的制造业年产值已达到2.58亿美元，而制造业的产值从1900年到1925年的25年里又翻了10倍。运输设备，金属加工，食品加工，化工工业等工厂像雨后春笋，蓬勃发展。此时的美国已经跨进了发达工业国的行列。

目前加州的制造业中心主要集中在两个都市区：南加州在洛杉矶－长滩－橙县一带，北加州在旧金山－奥克兰－圣荷西地区一带。加州的经济非常多样化，从航空、化工、医疗、军工、运输、食品加工，到娱乐业、金融、房地产和高科技，加州的产值可以说来自多种行业。仅在1999年，著名的牛仔裤制造公司“李崴斯特劳斯”就雇用了将近15万人；桑科斯特果汁和卡鲁酒业公司在1999年的年产值就达到500亿美元。以洛杉矶为中心的影视工业雇用了约475,000人，其年产值也达数百亿美元之巨。加州的太空工业也是首屈一指，其年销售额约为280亿美元，雇用了约117,000名各种人才，占全国太空行业就业人口的20%。旅游行业在1999年的产值为600亿美元，从业人员约700,000人。

加州的农业很发达，近50年来，加州的农业一直领先全美国。加州的农业可耕地只占全美的3%，农场占4%，但其农业产值却占全美的13%。

加州的主要农作物为棉花、橘子、草莓、芹菜、土豆、红萝卜及暖房和苗圃作物。

美国99%的杏仁、奶油果、无花果、猕猴桃、柿子、葡萄、核桃、苜蓿、橄榄、洋姜、阿月浑子、梅子等，都在加州生产。

加州的军工行业在全美一直处于领先地位，航天工业产值比纽约州和德克萨斯州的总和还多，雇用了约20万职工，占全美航天产业的20%。

以洛杉矶为中心的电影制造业，为50多万人提供了就业机会，其电影电视节目出口到世界各个角落。

旅游业也是加利福尼亚州的另一较大的产业：洛杉矶的迪斯尼主体公园，圣地亚哥的海洋世界，旧金山的金门桥和众多的海湾景区每年都吸引了来自世界各地数百万计的游客。加州的自然景观也是世界著名的：近千公里的太平洋海岸线气候温和，风景秀丽，并有大量的人文遗迹和优美的村镇；北部加州仍大面积生长着世界罕见的红木原始森林。“优色美地”国家公园，以其独特的地形地貌，森林和秋色，一年四季都是游人所向之地。

根据2007年的统计，加州人均收入为39,000美元，排全美第11位，是全美国人均收入的107%，中等家庭年收入为54,000美元。

加州人的住房，有56.5%为独立式的别墅，2007年的中间价为37.5万美元。

1980年的经济萧条并未重创加州经济，主要原因是加州的多元化经济。2001年的股市泡沫化仅使加州经济放缓，但很快便从低谷走出。2008年的房地产泡沫和信贷危机，虽然使房地产大跌，失业一路攀升，但凭着政府各项政策的相继出笼，相信加州也会很快渡过危机，再次走向繁荣。

三、加利福尼亚州主要都市区房价介绍

加州开发民用住宅房的鼎盛时期为1960年到1990年。此间加州共建了约630万栋住宅。1990年开始，加州的房地产价格开始下跌，房市进入衰退期。个别市场的价格已经跌破了80年代价格的50%。经历了大约两年的衰退，1993年，市场开始出现转机，可负担房屋数量的增加使多数原来买不起房子的人开始进入购房市场。1994年，房地产市场的反弹已经非常明显，

当时的贷款利息虽然比较高，但是低迷的价格仍然抵挡不住人们竞相采购。1995 年美国房地产市场全部复苏，加利福尼亚州更是如此，尤其是旧金山湾区一带，包括硅谷，竞标报价、一屋难求已是普遍现象，这种现象一直持续到 2000 年。

1995 年房地产的复苏直接影响了美国人拥有住房的比例。下图显示，加利福尼亚州拥有住房人口的比例在 1995 年为 55%，从此以后便一直攀升，到 2006 年左右达到顶峰，使这一数字超过 60%。随着次贷危机的影响，这一数字又急剧下滑，到 2010 年已跌至 57%左右。

与此同时，贷款利息也一直下滑。最近 40 年来，住房贷款利息最高的时候是 1982 年，曾达到 18%左右。从此之后利息便一路下跌，2010 年最低的时候曾经低到 5%以下。低贷款利息对房地产的稳定和复苏起到了关键作用。①

下图显示加利福尼亚州从 1984 年到 2009 年人口房屋拥有量的比例。左数轴为百分比，紫色线为 30 年贷款利息走势。

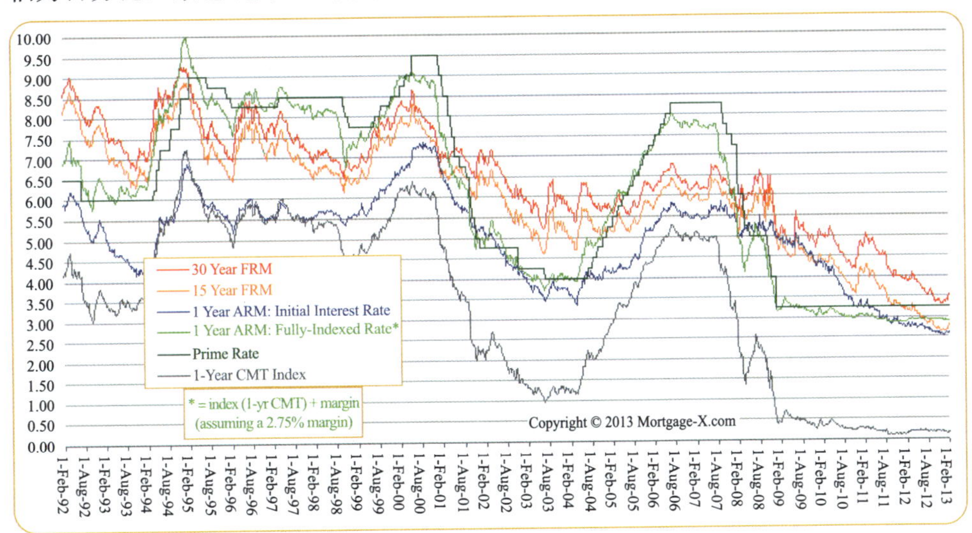

下图显示 30 年代款利息走势。左数轴为贷款利息百分比，灰色条纹为经济衰退期。从图上可以看出，2012 年、2013 年的贷款利息为历史最低。而 1982 年的利息最高，达到 18%。

① 信息来源：美国商业部

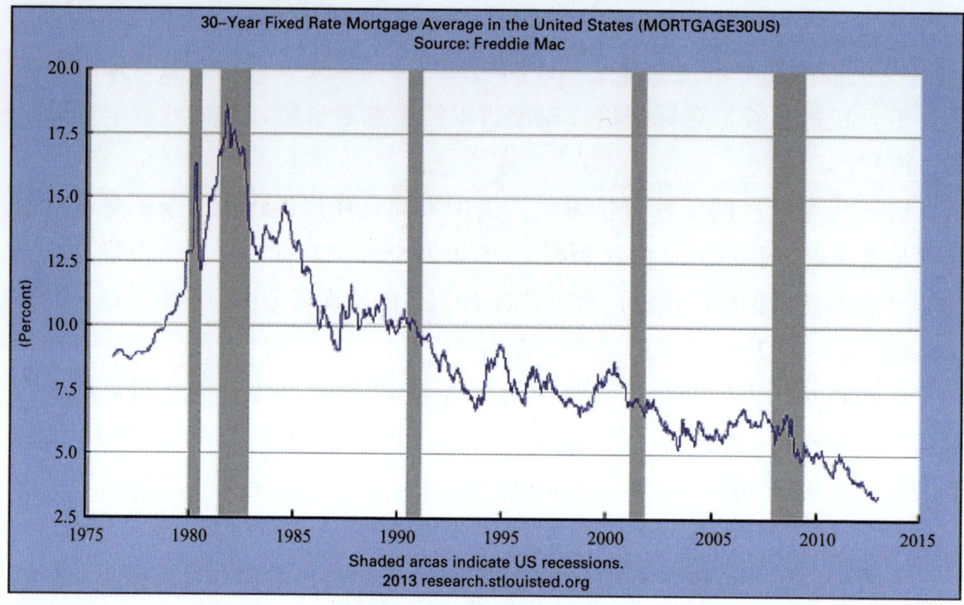

California Housing Statistics
加利福尼亚州住房统计

		Number	Percent
Total housing units		12,214,549	100.0
房子类别	UNITS IN STRUCTURE	房子总数量	比例
1-unit, detached	独立别墅	6,883,493	56.4
1-unit, attached	联体别墅	931,873	7.6
2 units	两单元房	327,024	2.7
3 or 4 units	3～4单元	697,779	5.7
5 to 9 units	5-9 单元	722,827	5.9
10 to 19 units	10-19单元	619,092	5.1
20 or more units	20单元以上	1,462,793	12.0
Mobile home	活动房屋	538,423	4.4
Boat, RV, van, etc.	其他房子	31,245	0.3
YEAR STRUCTURE BUILT 建筑年月			
1999 to March 2000		191,345	1.6
1995 to 1998		541,056	4.4
1990 to 1994		845,325	6.9
1980 to 1989		2,098,028	17.2

续表

		Number	Percent
1970 to 1979		2,504,157	20.5
1960 to 1969		2,047,205	16.8
1940 to 1959		2,834,883	23.2
1939 or earlier或以前		1,152,550	9.4
ROOMS住房间数			
1 room		611,787	5.0
2 rooms		1,145,774	9.4
3 rooms		1,691,257	13.8
4 rooms		1,923,611	15.7
5 rooms		2,314,491	18.9
6 rooms		2,015,886	16.5
7 rooms		1,261,632	10.3
8 rooms		724,040	5.9
9 or more rooms或以上		526,071	4.3
Median (rooms)		4.8	(X)
Occupied Housing Units		11,502,870	100.0
YEAR HOUSEHOLDER MOVED INTO UNIT 入住年份			
1999 to March 2000		2,456,426	21.4
1995 to 1998		3,630,521	31.6
1990 to 1994		1,842,387	16.0
1980 to 1989		1,752,425	15.2
1970 to 1979		1,023,528	8.9
1969 or earlier或以前		797,583	6.9
VEHICLES AVAILABLE 车库			
None无车库		1,091,214	9.5
1车库		3,927,721	34.1
2车库		4,342,204	37.7
3 or more或以上		2,141,731	18.6
HOUSE HEATING FUEL 能源			
Utility gas 管道煤气		8,114,829	70.5

续表

		Number	Percent
Bottled, tank, or LP gas 液化气		434,972	3.8
Electricity 电		2,505,406	21.8
Fuel oil, kerosene, etc.燃油		36,675	0.3
Coal or coke 煤		734	0.0
Wood 木柴		204,699	1.8
Solar energy 太阳能		13,508	0.1
Other fuel 其他		27,791	0.2
No fuel used 无能源		164,256	1.4
SELECTED CHARACTERISTICS 不完整住房			
Lacking complete plumbing facilities 无管道		85,460	0.7
Lacking complete kitchen facilities 无厨房		117,382	1.0
No telephone service 无电话		168,029	1.5
OCCUPANTS PER ROOM 每间住人数			
Occupied housing units		11,502,870	100.0
1.00 or less		9,754,518	84.8
1.01 to 1.50		700,310	6.1
1.51 or more		1,048,042	9.1
Specified owner-occupied units		5,527,618	100.0
VALUE 房价			
Less than $50,000以下		84,079	1.5
$50,000 to $99,999		557,004	10.1
$100,000 to $149,999		934,731	16.9
$150,000 to $199,999		1,027,275	18.6
$200,000 to $299,999		1,234,462	22.3
$300,000 to $499,999		1,054,888	19.1
$500,000 to $999,999		506,560	9.2
$1,000,000 or more或以上		128,619	2.3
Median (dollars)		211,500	(X)
MORTGAGE STATUS AND SELECTED MONTHLY OWNER COSTS 个别地区屋主贷款月付额			
With a mortgage		4,367,361	79.0

续表

		Number	Percent
Less than $300以下		13,898	0.3
$300 to $499		99,711	1.8
$500 to $699		223,464	4.0
$700 to $999		597,073	10.8
$1,000 to $1,499		1,307,350	23.7
$1,500 to $1,999		1,003,607	18.2
$2,000 or more以上		1,122,258	20.3
Median (dollars)		1,478	(X)
Not mortgaged没有贷款		1,160,257	21.0
Median (dollars)		305	(X)
SELECTED MONTHLY OWNER COSTS AS A PERCENTAGE OF HOUSEHOLD INCOME IN 1999 屋主月付额占收入的比例（1999年）			
Less than 15 percent%以下		1,549,648	28.0
15 to 19 percent		805,396	14.6
20 to 24 percent		779,363	14.1
25 to 29 percent		624,144	11.3
30 to 34 percent		443,312	8.0
35 percent or more%以上		1,283,647	23.2
Not computed无数据		42,108	0.8
Specified renter-occupied units		4,921,581	100.0
GROSS RENT 租金			
Less than $200以下		108,249	2.2
$200 to $299		130,660	2.7
$300 to $499		619,698	12.6
$500 to $749		1,542,012	31.3
$750 to $999		1,161,178	23.6
$1,000 to $1,499		870,092	17.7
$1,500 or more以上		336,834	6.8
No cash rent		152,858	3.1
Median (dollars)		747	(X)
GROSS RENT AS A PERCENTAGE OF HOUSEHOLD INCOME IN 1999 租金占收入比例（1999年）			
Less than 15 percent 15%以下		718,870	14.6

续表

		Number	Percent
15 to 19 percent		668,412	13.6
20 to 24 percent		645,258	13.1
25 to 29 percent		542,046	11.0
30 to 34 percent		401,761	8.2
35 percent or more%以上		1,677,934	34.1
Not computed		267,300	5.4

(X) Not applicable.
Source：U. S. Census Bureau, Census 2000 Summary File 3, Matrices H1, H7, H20, H23, H24, H30, H34, H38, H40, H43, H44, H48, H51, H62, H63, H69, H74, H76, H90, H91, and H94

Readmore：CaliforniaHousing

Statistics http：//www. infoplease. com/us/census/data/california/housing. html#ixzz1FhRxRL2Z（加州住房统计）

（一）州府萨克拉门托（位于旧金山东部100公里处）

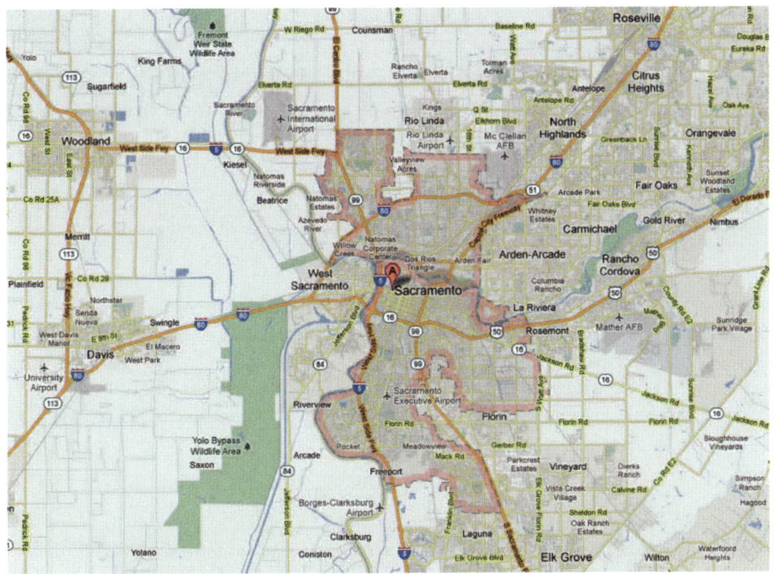

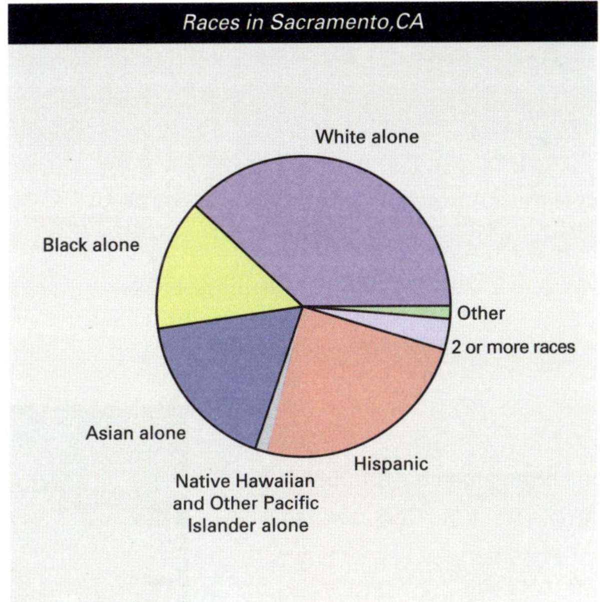

萨克拉门托人口构成

- White alone–176,586（37.8%）　　白人：37.8%
- Hispanic–117,035（25.1%）　　南美人：25.1%
- Asian alone–84,092（18.0%）　　亚洲人：18.0%
- Black alone–61,695（13.2%）　　黑人：13.2%

加利福尼亚州府萨克拉门托的情况类似内华达州的赌城拉斯维加斯，在2005年、2006年房价达到顶峰以后便一路下跌，直到2009年。联邦政府的优惠刺激方案在萨克拉门托没有明显效果。从目前情况看，市场在低谷探底之后已经趋于平稳。

萨克拉门托周边的卫星城有弗萨姆、埃尔多兰多、费欧克斯、赛楮司高地、罗斯维尔、厄尔古夫等。

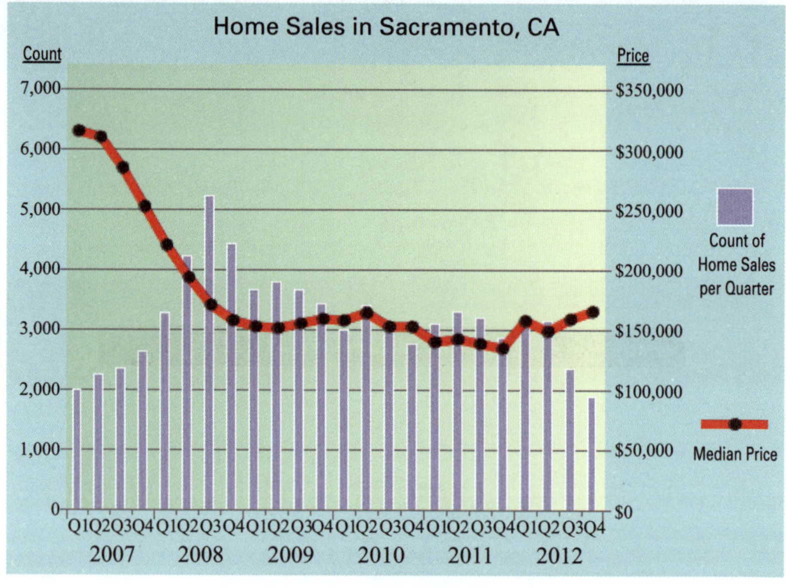

2007年以来萨克拉门托房价走势图

Knightsbridge LnSacramento，CA 95864

萨克拉门托 豪宅别墅，6卧，6浴，约750平米，占地约7000平米，大理石铺地，上等浴卫设备，客房，酒窖。

2,400,000美元

Piedmont DrSacramento，CA 95822

萨克拉门托 湖边别墅，4 卧，5 浴，约 420 平米，占地约 3000 平米，上等装修，游泳池，私家码头，交通方便。

1,195,000美元

Tamarindo Bay DrSacramento，CA 95828

萨克拉门托 独立别墅，2 年新，5 卧，3 浴，约 370 平米，占地约 600 平米，高档设备，花冈岩台面，近购物。

369,000美元

Rotella DrSacramento，CA 95824

萨克拉门托 独立别墅，6 卧，4 浴，约 270 平米，占地约 740 平米，中央空调，2 车库，好学区。

200,000美元

42nd StSacramento，CA 95817

萨克拉门托 独立别墅，3 卧，1 浴，约 110 平米，占地约 400 平米，需要装修，近公交，学校，购物。

20,000美元

（二）旧金山

San Anselmo
San Rafael
Richmond
Pleasant Hill
El Cerrito
Bolinas
Mill Valley
Walnut Creek
Tiburon
Albany
Orinda
Berkeley
Moraga Town
Piedmont
San Francisco
Oakland
San Francisco, CA
Alameda
San Leandro
Daly City
San Lorenzo
South San Francisco
San Bruno
Hayward
Pacifica
Millbrae
Union City
Burlingame
San Mateo
1
101
580
24
80
280
92
84

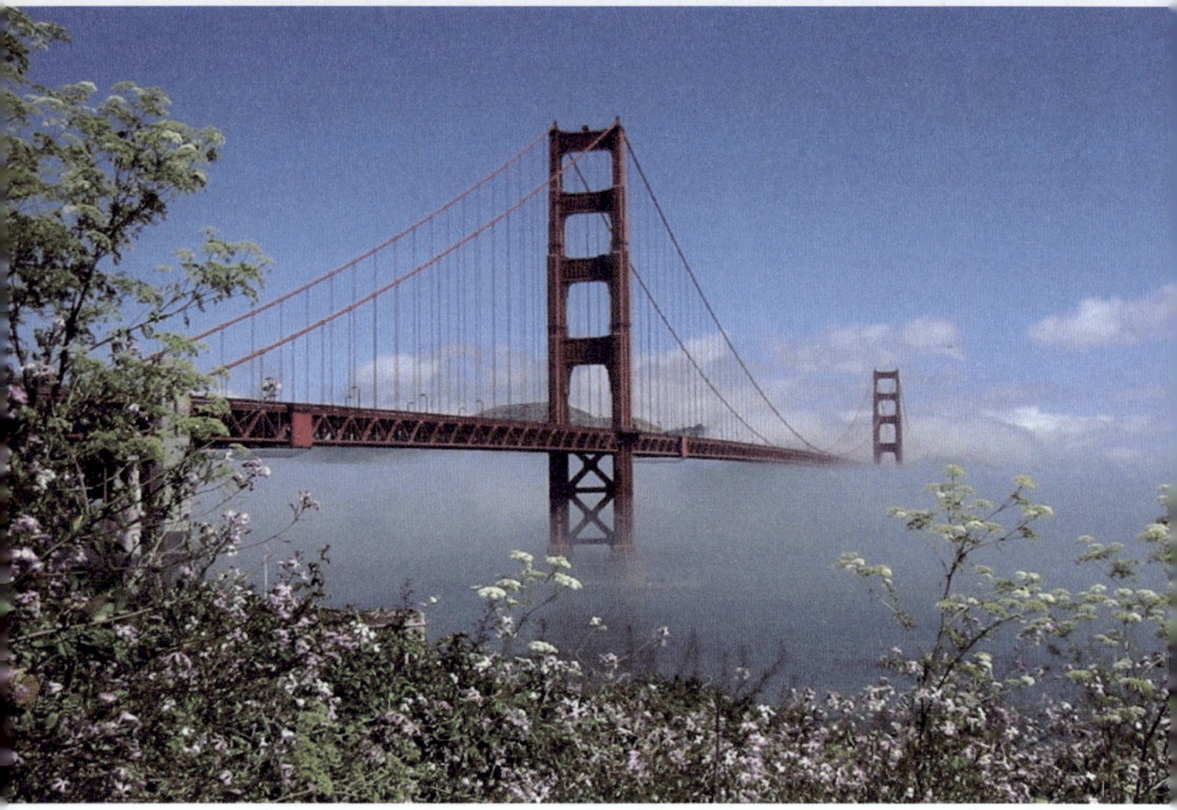

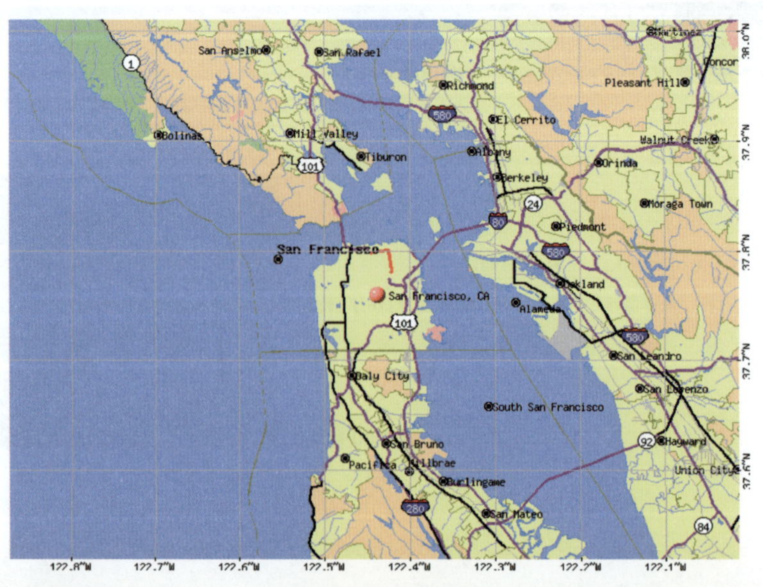

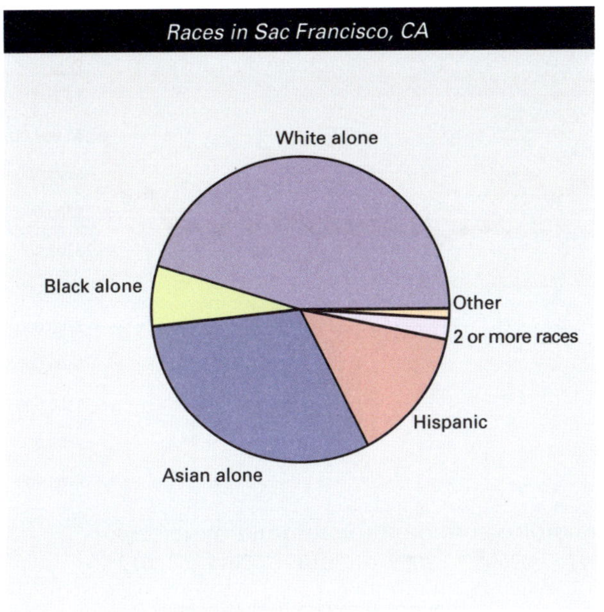

旧金山人口构成

总人口：850,000
人均收入：48,000美元
平均房价：800,000美元
人口构成：

• White alone–366,491（45.3%）	白人：45%
• Asian alone–251,121（31.0%）	亚洲人：31%
• Hispanic–114,302（14.1%）	南美人：14%
• Black alone–48,268（6.0%）	黑人：6%

旧金山的房地产市场似乎同美国的整个经济情况没有关系。在经过 2008 年的小幅波动以后，从 2009 年起就开始稳步回升。

旧金山附近的卫星城有：奥克兰、戴利城、圣布鲁诺、圣马特奥、福斯特城、红木城、圣卡洛斯、门楼公园等。

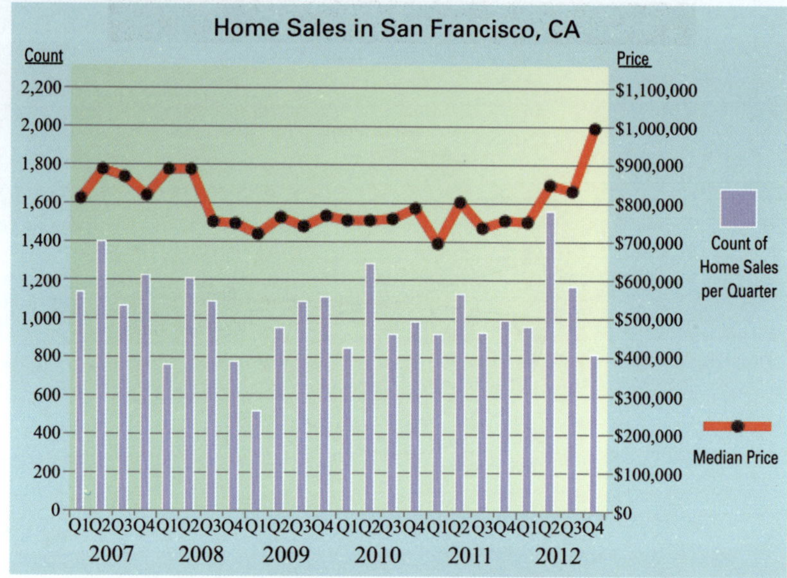

2007年以来旧金山房价走势图

Broadway StSan Francisco，CA 94115

旧金山 意大利风格顶级豪宅，7 卧，8 浴，6 车库，硬木地板，金门桥景，海景，城市景，豪华装修，交通方便。

45,000,000美元

Divisadero StSan Francisco，CA 94123

旧金山 西班牙风格豪宅，4 卧，5 浴，4 层，一车库，金门桥景，海景，步行购物，社区安全，交通方便。

5,395,000美元

1st St Unit：5502San Francisco，CA 94105

旧金山 顶级公寓单元，2 卧，2 浴，约 150 平米高档现代装修，健身房，游泳池，全海景，大桥景，步行购物，交通方便。

1,985,000美元

Hampshire StSan Francisco，CA 94110

旧金山 维多利亚风格独立别墅，3 卧，2 浴，约 188 平米，3 车库，地毯，新装修，步行到公共交通，近购物。

799,000美元

Newcomb AveSan Francisco，CA 94124

旧金山 独立别墅，2 卧，1 浴，约 150 平米，硬木地板，一车库，交通方便。

224,900美元

（三）硅谷地区（位于旧金山南部60公里处）

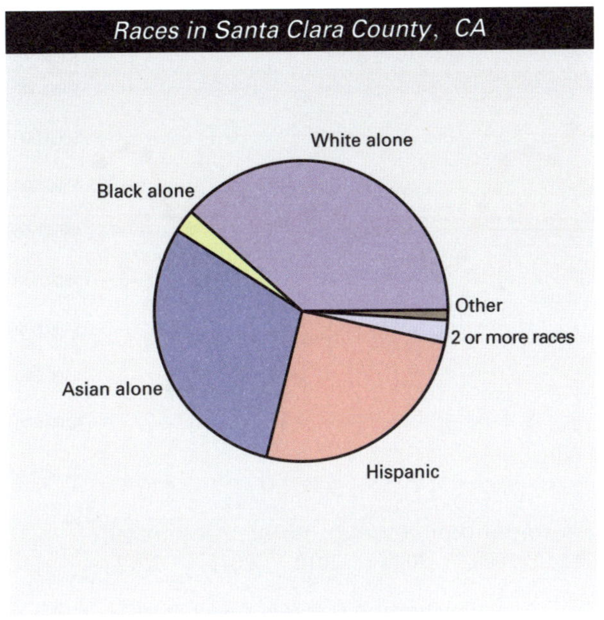

硅谷地区人口构成

• White Non-Hispanic（44.2%）	白人：（44.2%）
• Hispanic（24.0%）	南美人：（24.0%）
• Other race（12.1%）	其他：（12.1%）
• Chinese（6.9%）	中国人：（6.9%）
• Vietnamese（5.9%）	越南人：（5.9%）
• Two or more races（4.7%）	混血：（4.7%）

圣塔克拉拉县是硅谷所在地。同美国大多数都市区一样，在2007年房市价格达到顶峰，随后便一路下滑。但是由于硅谷的屋主自住率很高，房价很高，因此做短线的投资商很少。硅谷的房价在2009年初探底之后便开始立即反弹，而且上升很快。目前的市场价格已基本回到2006年的价格。

组成硅谷的周边卫星城有：帕罗奥图、洛斯阿尔托斯、山景城、森尼韦尔、库比蒂诺、萨拉托加、圣荷西、费利蒙等几十个城市。

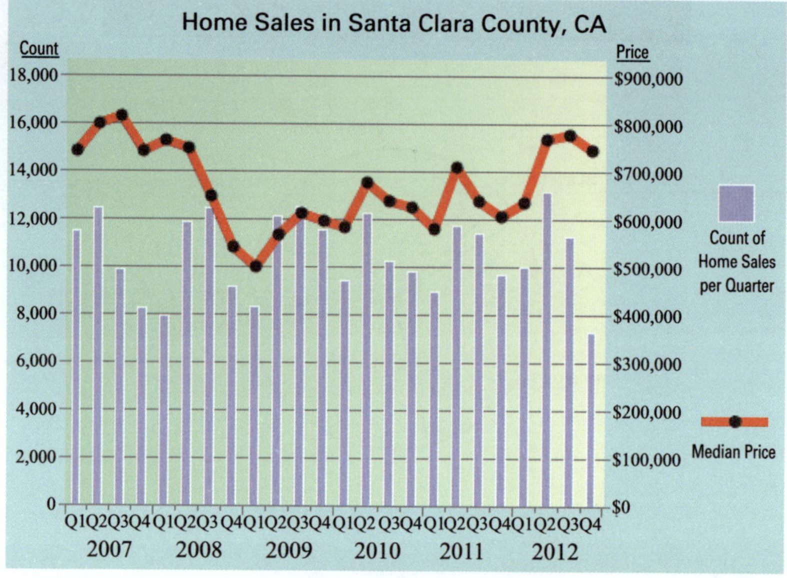

2007年以来硅谷地区房价走势图

Bear Gulch RdSan Gregorio，CA 94062

硅谷 圣马特奥，别墅，主房一个，16卧，14浴，约1000平米，度假屋6个，220公顷森林，草原，山地，私家水库，太平洋海景。

28,000,000美元

Glen Una DrSaratoga，CA 95030

硅谷 萨拉托加，法式风格顶级别墅，5卧，9浴，3层，3车库，游泳池，地下室，酒窖，顶尖学区，占地约一公顷。

15,000,000美元

1610 Bittern DrSunnyvale，CA 94087

硅谷 桑尼韦尔，地中海式独立别墅，2层，4卧，4浴，约330平米，占地约680平米，高档装修，专业花园，好学区。

1,285,000美元

N De Anza Bl #107Cupertino，CA 95014

硅谷 库比蒂诺，现代风格公寓，2卧，2浴，约150平米，高档装修，好学区，近交通，购物。

578,000美元

N White RdSan Jose，CA 95127

硅谷 圣荷西，西班牙风格别墅，3卧，2浴，约170平米，占地约700平米，交通方便。银行拍卖。

290,900美元

（四）洛杉矶地区

City of Los Angeles
& Communities
Place names in BLACK represent communities that lie within the City of Los Angeles.
Place names in RED represent communities adjacent or near to the City of Los Angeles but are *not* part of the City of Los Angeles.
Los Angeles County Outside City of Los Angeles
Ventura County
0 2 4 6
Miles
Angeles National Forest
Sylmar
Porter Ranch
Granada Hills
Chatsworth
Northridge
Pacoima
Lakeview Terrace
Shadow Hills
Sunland
Tujunga
Sun Valley
North Hills
Panorama City
Arleta
West Hills
Canoga Park
Reseda
Lake Balboa
Van Nuys
Valley Glen
North Hollywood
Woodland Hills
Hidden Hills
Calabasas
Tarzana
Encino
Sherman Oaks
Studio City
Burbank
Universal City
Glendale
Pacific Palisades
Brentwood
Bel-Air
Beverly Crest
Hollywood
Griffith Park / Los Feliz
Eagle Rock
Highland Park
Pasadena
South Pasadena
Beverly Hills
Westwood
Mid-City West
Mid-Wilshire
Silver Lake
Echo Park
Westlake
Lincoln Heights
El Sereno
Alhambra
Monterey Park
Malibu
Santa Monica
West Los Angeles
Mid-City
Central City
Boyle Heights
City Terrace
East Los Angeles
Mar Vista
Palms
Culver City
Baldwin Hills
Crenshaw
View Park
South Los Angeles
Southeast Los Angeles
Vernon
City of Commerce
Huntington Park
Walnut Park
Florence
South Gate
Lynwood
Marina Del Rey
Playa Del Rey
Westchester-LAX
Inglewood
Hyde Park
Watts
El Segundo
Lennox
Athens
Willowbrook
Gardena
Torrance
Carson
Harbor City
Wilmington
Long Beach
Lomita
Rancho Palos Verdes
San Pedro
Terminal Island
Copyright 2004 - Los Angeles Almanac / Given Place Publishing
All Rights Reserved

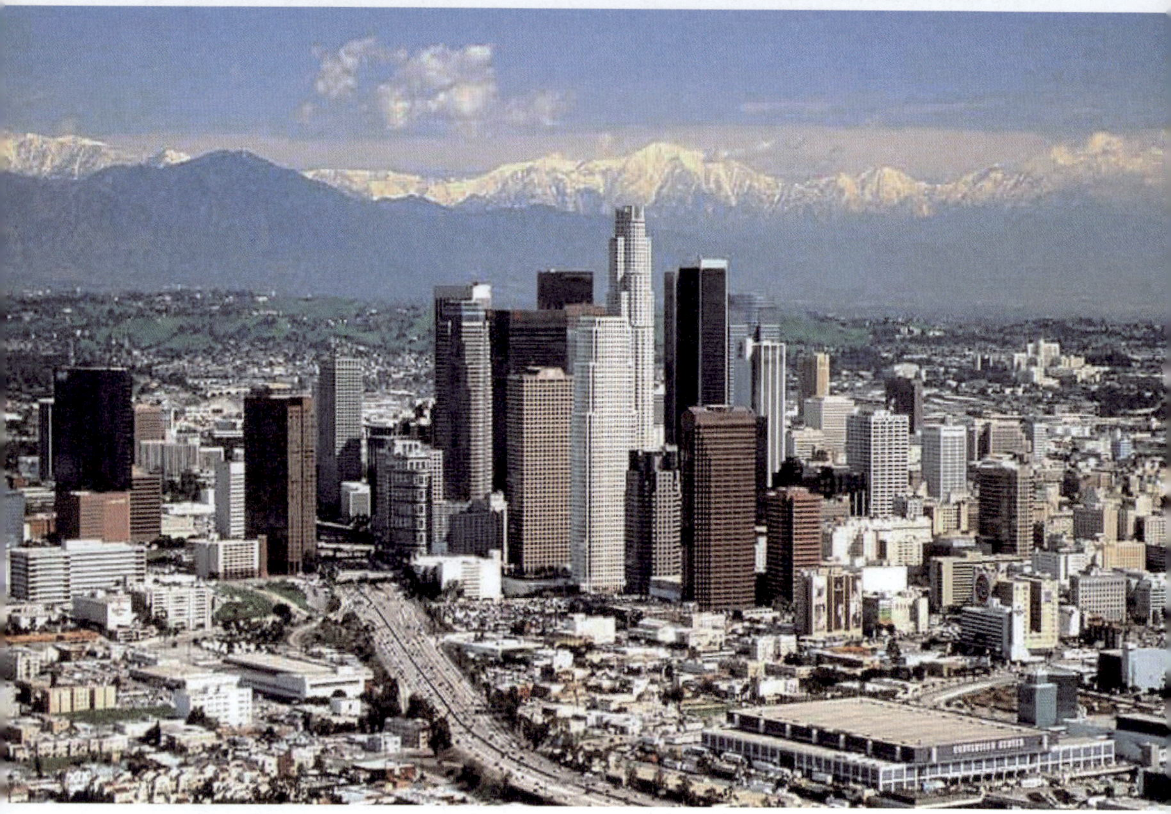

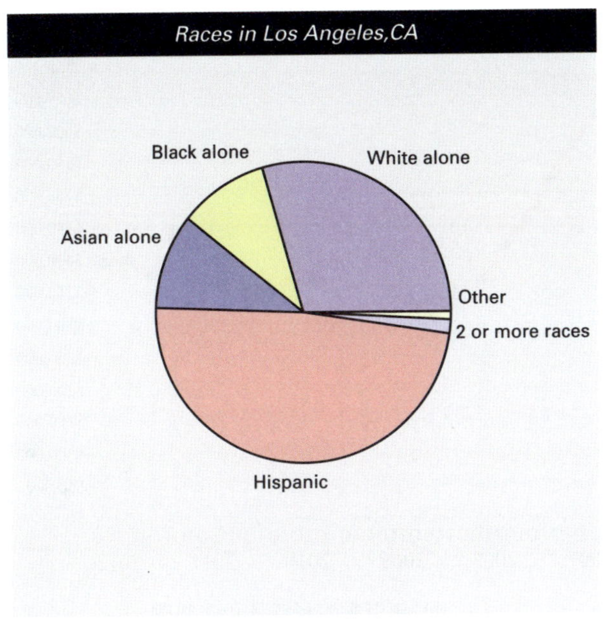

洛杉矶人口构成

• Hispanic（44.6%）	南美人：44.6%
• White Non-Hispanic（31.1%）	白人：31.1%
• Other race（23.5%）	其他：（23.5%）
• Black（9.8%）	黑人：9.8%
• Two or more races（4.9%）	混血：（4.9%）
• Chinese（3.5%）	华人：3.5%

洛杉矶的房地产是全美国下跌较多的地区之一，也是在 2007 年达到顶峰后进入衰退，2009 年是价格最低的一年，2010 年开始有所转机。经过这一稳定期之后，价格会稳步上升。

以洛杉矶为中心的周边卫星城有：亚凯迪亚、阿罕布拉、蒙特利公园、圣盖珀、圣马力诺、潭波市、罗斯密得、长滩、富勒顿、帕萨迪纳等几十个城市。

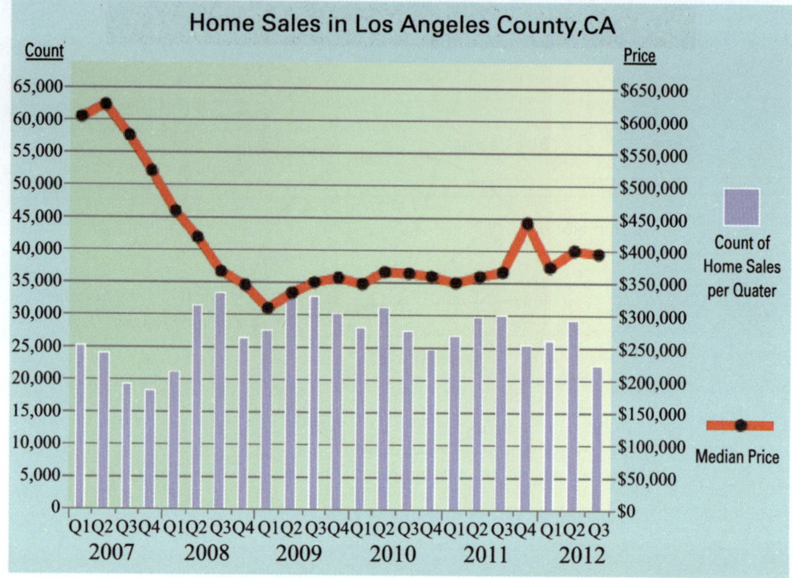

2007年以来洛杉矶房价走势图

South Mapleton DriveLos Angeles，CA 90024

洛杉矶 法式风格世界级别墅，14 卧，27 浴，约 5600 平米，10 米高顶客厅，占地约 2 公顷，健身房，游泳池，硬木地板。

150,000,000美元

Blue Jay WayLos Angeles，CA 90069

洛杉矶 现代风格顶级豪宅，4 卧，6 浴，约 970 平米，占地约 1600 平米，中央空调，硬木地板，高档设备。

11,595,000美元

South Corning StreetLos Angeles，CA 90035

洛杉矶 西班牙风格独立别墅，3卧，2浴，约200平米，占地约790平米，报警系统，分离车库，精装修。

800,000美元

Avoca StEagle Rock，CA 90041

洛杉矶 独立别墅，5卧，3浴，约210平米，占地约570平米，3层，2车库，前后花园，有山景，近购物。

400,000美元

Ascot AveLos Angeles，CA 90011

洛杉矶 独立别墅，3卧，2浴，约75平米，占地约130平米，位置方便，近公共交通。

70,000美元

（五）尔湾（橙县地区，位于洛杉矶南部80公里处）

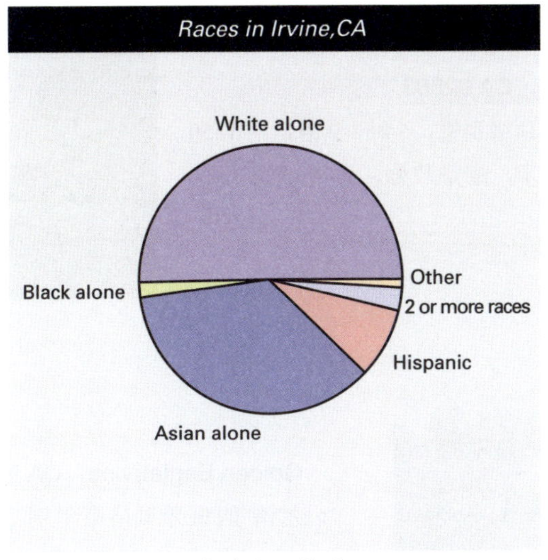

尔湾人口构成

- White alone–98,449（46.9%）　　白人：46.9%
- Asian alone–76,471（36.5%）　　亚洲人：36.5%
- Hispanic–22,061（10.5%）　　南美人：10.5%
- Black alone–5,579（2.7%）　　黑人：2.7%

橙县周边的卫星城有：圣塔安娜、克斯塔米萨、新港滩、拉古纳、塔斯汀、安娜翰、汉廷顿海滩、尔湾等几十个城市。

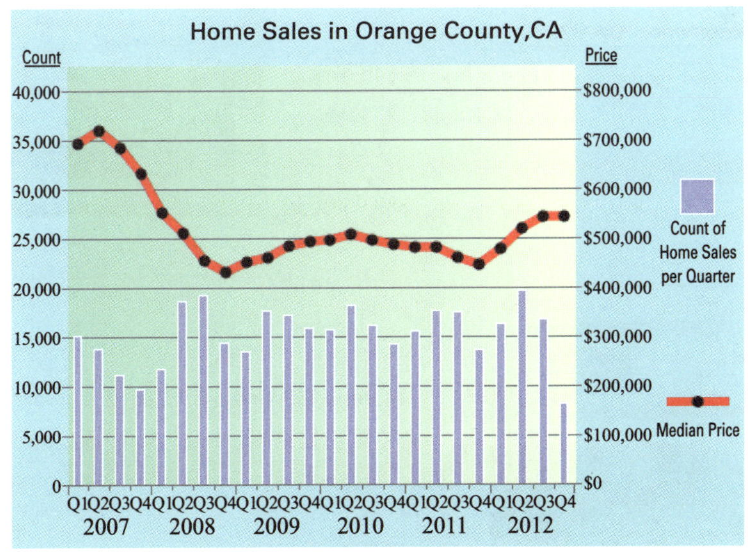

2007年以来尔湾房价走势图

Blue HeronIrvine，CA 92603

尔湾 地中海风格顶级别墅，5卧，9浴，约1350平米，占地约3500平米，豪华装修，客房，健身房，山景，酒窖。

18,950,000美元

Golden EagleIrvine，CA 92603

尔湾 西班牙风格豪华别墅，5卧，7浴，约650平米，占地约3000平米，书房，酒窖，地毯，硬木地板，好学区。

3,895,000美元

InglesideIrvine，CA 92620

尔湾 西班牙风格别墅，3卧，3浴，约240平米，占地约450平米，2层，2车库，硬木地板，精装修。

889,900美元

Morena 26Irvine，CA 92612

尔湾 连体别墅，2卧，3浴，约150平米，社区管理，购物方便。

449,000美元

PineviewIrvine，CA 92620

尔湾 连体别墅，2 卧，2 浴，约 120 平米，社区管理，近交通。

290,000美元

（六）圣地亚哥

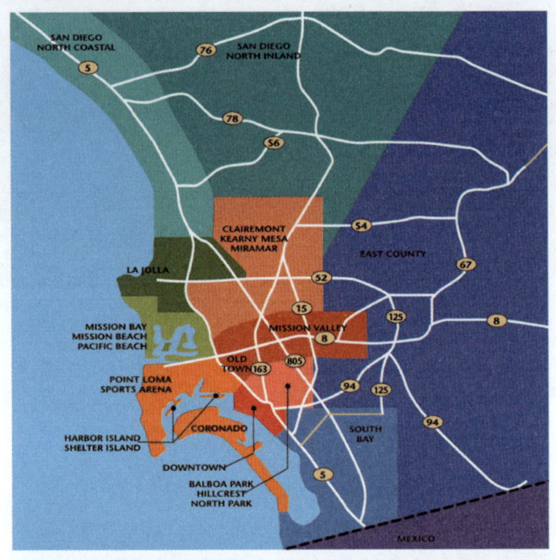

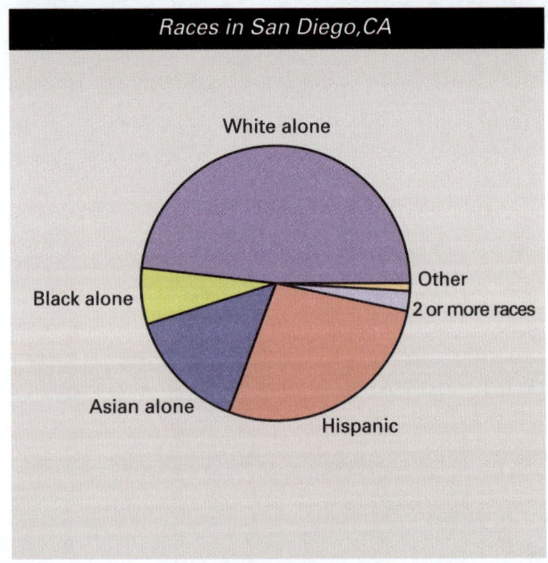

圣地亚哥人口构成

- White alone–615,495（47.1%） 白人：47.1%
- Hispanic–373,574（28.6%） 南美人：28.6%
- Asian alone–185,716（14.2%） 亚洲人：14.2%
- Black alone–82,885（6.3%） 黑人：6.3%

圣地亚哥周边卫星城有：海洋边、卡尔斯巴、安西尼塔斯、德马、拉米萨、春天谷、散提、国家城、楚拉维斯塔等几十个城市。

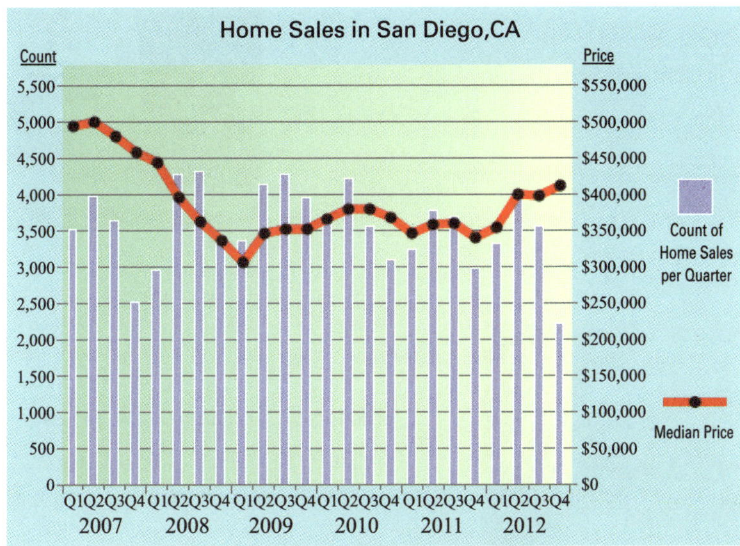

2007年以来圣地亚哥房价走势图

Ocean Front Walk WalkSan Diego，CA 92109

圣地亚哥 现代风格海景豪宅，8卧，9浴，约590平米，3层，6车库，全海景，顶级装修，步行到沙滩。

13,478,000美元

Northern LightsSan Diego，CA 92127

圣地亚哥 西班牙风格高档别墅，4卧，6浴，约730平米，4车库，近自然保护区，中央吸尘系统，硬木地板。

1,999,900美元

San Diego，CA 92128

圣地牙哥 地中海风格独立别墅，5 卧，3 浴，2 层，3 车库，约 300 平米，中央空调，硬木地板，地毯，近购物。

799,900美元

Hatcher LnSan Diego，CA 92126

圣地亚哥 独立别墅，2 卧，2 浴，约 100 平米，2 车库，客厅地毯，双层玻璃门窗，交通方便。

300,00美元

Newton AveSan Diego，CA 92113

圣地亚哥 西班牙风格独立别墅，3 卧，2 浴，约 120 平米，2 车库，需要装修。

110,000美元

第四章

加州房地产交易程序

首先需要指出的是，美国的房地产市场对全世界开放，任何人和投资机构，无论你是否有美国公民的身份，都可以投资买卖房地产。本国人和外国人的区别只是在卖房子的时候才有，这在下文中会有具体解释。

在加利福尼亚州买房要经过以下 24 个步骤（现金买主只须 5 个步骤）：

1. 评估自己的财务状况（买方）；
2. 选择贷款经济人（买方或由房屋经纪人推荐）；
3. 填写贷款申请表并提交报税和工资单（买方）；
4. 选择房地产经纪人（买方）；
5. 选择房屋（买方、经纪人协助）；
6. 写合同报价并上缴定金（经纪人写 / 买方签字）；
7. 检查房屋（经纪人安排、专业公司检查）；
8. 审查房屋检查报告和状况文件（买方 / 经纪人协助）；
9. 审查产权报告（买方 / 经纪人协助）；
10. 接受所有文件并签字（买方）；
11. 取消反悔条款（买方）；
12. 贷款批准后由贷款机构将文件送交过户中介公司（贷款经纪人）；
13. 贷款机构对房子进行估价（估价师）；
14. 产权保险公司对房屋进行产权担保（产权保险公司）；
15. 买方确定房屋保险公司并告知过户中介公司（买方）；
16. 安排买方到过户中介公司签字（过户中介公司）；
17. 过户中介公司对贷款条件及产权过户进行最后说明（过户中介公司）；

18. 买方在最后产权说明文件及贷款文件上签字（买方 / 过户中介公司）；

以下是现金买房的程序：

19. 过户中介公司对所有文件进行最后审核（过户中介公司）；

20. 买方按最后账单付款（转账或现金支票、到过户中介公司、买方）；

21. 过户前买方对房子进行再次检查（买方、经纪人协助）；

22. 贷款银行给买方放款（现金买主免此项、贷款机构）；

23. 过户中介公司在县政府注册换名（过户中介公司）；

24. 交易完成。经纪人取钥匙交给买方（经纪人）。

一、预估自己的财务状况

在美国买房子，绝大部分人都从银行贷款，极少的买主全部用现金一次付清。这样做的原因有：

1. 美国人家里现金很少，存款也少。很多家庭靠每个月收到的几张支票过日子，然后就是信用卡每月周转。

2. 在这种情况下，美国人家能有存款就不错了，一旦存够了首期款就是一件很大的事，买房所需要的钱不得不从银行贷款。

3. 条件比较好，有足够资金，又有投资眼光的家庭会充分借助银行贷款进行投资。买一栋房子所用的现金，如果从银行贷款的话可以同时买上好几栋。

4. 降低投资风险。借银行的钱投资，用较少的钱做较大、较多的事，风险落在银行身上。

贷款利率和期限是一定要考虑的问题，这涉及贷款人的投资计划和居住期限。如：你打算买下后在里面住多久，准备何时付清贷款，如果财务状况出现变化，是否仍有能力支付贷款等。这方面，贷款经纪人应当会提供有效的参考意见。

所以美国人买房前都是先把自己的收入、支出、存款、居住时间等这些大账算清楚，看看手里是否有足够的头款，再来决定买房的事。

二、选择贷款经纪人

既然买房要贷款，首先就要知道自己能贷到多少款，才能确定买什么价位的房子。在美国申请贷款的渠道有两种：一是直接从自己的开户银行贷款，比如你在“美国银行”有账户，你可直接到银行去同银行里做贷款的经纪人面谈。二是寻找专门做房屋贷款的经纪人，这样的经纪人都在专做房屋贷款的代理公司工作。这种代理公司不属于任何金融机构或银行，而是独立的，但他们都属于银行或金融机构认可的代理公司，可以从银行直接拿到贷款并发放给最终用户。这两种贷款渠道对买主来讲差别不大，最终得到的服务、贷款计划和利率几乎一样的。有时候找代理公司的经纪人做贷款可能更方便些，因为他们可根据买方的情况到各个银行或金融机构去寻找更适合买方的贷款计划。而直接从银行贷款所得到的只是那一家银行的贷款计划和利息。

美国持照贷款的经纪人大部分都很可靠，首先他们是在考试通过后才拿到执照，其次美国房地产协会对贷款经纪人的行为要求非常严格，一旦发现有违规现象就会立即进行处理，轻者会受到警告处罚，停止经营，重者会被吊销执照，甚至坐牢。因此很少代理公司和经纪人会冒风险做违规的事。不过话又说回来，在做贷款方面的确没有什么手脚可做：贷款是银行给的，利息也是银行定的，各个金融机构给的利息都差不多，代理公司和经纪人只是作为中间人把贷款放出去给买房者，然后银行给代理公司支付一些手续费而已。所以，买房者在贷款方面基本上可以放心。

当然这里边还是有些问题，并不是说所有的贷款公司和经纪人都是百分之百可靠。一般来讲，我们建议找规模较大、经营时间较长的公司，别找只有一两个人的公司，因为他们既是公司，又是经纪人，很容易在账上做文章，从而影响到客户的利益。比较正规的公司有相对健全的财务制度和工作流程，并有多个经纪人在做事，出现问题时比较容易搞清楚是谁的责任，从而避免了无人监督、违法操作的情况。有时个别较大的公司可能会在财务或文件上做些手脚，但这对要贷款的客户影响不太直接，因为那大多涉及的是公司的经营问题。对贷款人有直接影响的主要是经纪人的服务水准和经验。在服务方面，你的经纪人应该同你保持非常及时的信息沟通，比如利息的变化，银行对买方贷款申请提出的额外要求，不同银行贷款计划对买方的利与弊等；

经验方面更重要些，因为这牵涉到最终是否能帮买主把贷款拿下来从而顺利过户，买到房子。

有时事情也会很复杂，例如：

买方已同太太离婚，有两个儿子，一个上高中，一个上大学，他们离婚前有一个房子，离婚时房子判给前妻了，所以买方要自己另买一栋。买方的收入年薪约20万，有现金30万，要贷60万来买一栋90万的房子，另有约5万元的额度债务，此债务是上大学的儿子借的款，由他来担保。这笔钱只是额度，用的时候可以拿，不用时就挂在账上，没有费用。做贷款时就因为这5万元的额度，给买主造成很大麻烦。

贷款银行一定要买主出示证据证明这5万（尚未用的钱）已经还掉，才能给他贷款，否则买主债务太高，不符合要求，银行不贷给60万。买主说这笔钱根本没有用过，不存在还的问题。贷款经纪人把情况报给贷款银行，贷款银行就是不信，一定要买主出示该款项的账单。买主没用过钱，也从未收到过账单，无法出示，而只能问另外那个贷款机构要。可是这5万的额度是另外一家专给学生贷款的金融机构，电话从来都是留言机，没有客服人员。买主留了无数次言，要他们出具文件，证明此事，可是一直得不到答复。眼看过户的日期就要到了，贷款还没下来，卖主一直在催，否则就会罚款。买主心急如焚，一再催促额度贷款机构。后来该机构有了回音，说可以出据证明，但要邮寄。买方说过户时间到了，用电子邮件过来可不可以，该机构说不行。这真是令人不可理解。美国有很多事情就这么刻板。

没有办法，我们只能说服卖方，解释状况让他们理解，配合延期，不要罚款。同时买主每天都打几个电话，让他们快寄，对方说最快也要一个星期。一个星期过去了，买方没有收到任何东西。买方又催，贷款经纪人也催。可是你急他不急。又过了一个星期还没收到。买主大为光火，他的忍耐也到了极限，说房子不要了，随便吧。一听这个，所有的人都快懵了！那还得了，这意味着所有为他服务的人的生意全砸不说，还要陪他去打官司！无奈之下，我们只能多方努力，能做的全都做了：说服卖方经纪人，让他做卖方的工作，配合延期；贷款经济人做贷款银行的工作，延期合同，保住利息；买方经济人说服买主要冷静，避免扯进官司里去等。

在比合同规定的过户时间拖延20多天以后，我们终于备齐了所有的文件交给了贷款经纪人，他立即上报贷款银行，最终拿到贷款。在多方不懈地努力下，尤其是卖方的宽容和理解，使房子终于过了户。反过来说，如果卖方坚持按合同日期办事，不配合我们延期，那所有的事情将全部搞砸。

在做贷款的过程中，类似情况和意想不到的情况时有发生，如果贷款经纪人服务不到家或经验不足，常常会使合同不能顺利执行而最终影响过户。因此选择一个有经验的贷款经纪人至关重要。

在美国申请房屋贷款一般要提供下列文件：

1. 至少两年以上的工作经历和报税纪录。
2. 银行存款帐单，资金来源证明，股票等。
3. 近期的工资单。
4. 信用分数调查，一般由贷款公司来做。
5. 资产和负债情况，如有的人有数栋房子，还有汽车贷款等。

如果全用现金买房，就只要提供资金证明即可，而无需提供任何其他文件。

三、选择房地产经纪人

在加利福尼亚州，房地产经纪人和贷款经纪人用的是同一个执照。因此有了房地产执照既可做房地产，也可同时做贷款。但是绝大多数专业的、做得很好的经纪人只做一项，而不是房地产和贷款同时都做。原因很简单，即如果你在房地产方面做得很好，客户很多，很忙，就根本不会想再去做贷款。首先，你没有时间，其次做不精，虽然你可能很懂。原因是如果你做得好，你必定走在本行业的前沿，本行业最新消息，动向和变化你要随时掌握，尤其是做贷款，利息经常变化、浮动。如果这个经纪人做半职或是什么都做，就很难掌握最新动向，利息变动尤其如此，在随时浮动，如果你不用心为客人盯着，一旦在最好的时机没有给客户锁定利息，吃亏的便是客户。如果碰到一个经纪人，他说他既做房地产又做贷款，并说："包给我，顺便都给你做了。"这个经纪人八成没生意做，所以什么都想做，但是不一定什么都会做好。

美国的房地产经纪人满天飞，到处都是。打开报纸、杂志、网页，看到最多的就是他们的广告。除此之外，没做广告，看不到但有执照的也大有人在。有的人不仅有房地产执照，而且还有卖保险的执照，报税的执照，甚至还有开老人院的执照等，可谓全副武装。这种人在美国大有人在。但问题是，有执照的未必去做，去做了未必能坚持下来，坚持下来的未必能做得好。

那么，如何在这些多如牛毛的“执照持有人”之间选择对你最有用，而且最能帮助你，能给你提供非常专业的服务的房地产经纪人呢？请注意以下几个方面：

（一）选择专业公司

专业房地产公司是指有历史、有规模、有影响、有实力的公司。这些公司因为经营历史较长，对当地的情况非常熟悉，因此对市场的感觉也非常敏感，很有经验。他们常常在各地有很多分公司，因此做得比较有规模，市场知名度很高，很有实力，无论从实体广告到网路广告他们的市场占有率都很高，因为他们的投资很大。他们的共同特点是：

1. 经营管理规范（很多是上市公司）。从如何招揽业务、到如何有效地进行客户服务、如何推销、如何降低可能出现的法律风险，到成功过户，他们都有一套完整的管理体系。

2. 有自己的培训系统，对新进来的经纪人进行系统地培训。因此，专业公司的经纪人整个水平要比其他公司高很多。而且，培训是经常性的，每月都有，只要你想给自己充电，随时可以去上课。

3. 有内部网络和内部的信息系统。这个系统有很多方便的地方，比如说有很多房子在未上市之前就有可能通过内部信息而卖掉。在市场疲软的时候，这对卖主很有利。在市场走俏时，对买主很有利，因为买主可能在没有竞争的情况下买到房子。

4. 信誉好，容易做事。在一个竞争激烈的经济社会里，一个有良好信誉的公司至关重要。在经纪人同客户联系买卖房屋时，一个有品牌的公司会给客户很多信任感，因此也就比较容易拿到生意。尤其是在高端市场，买主可能就是某个大公司的老板，他要买一栋 500 万美元以上的房子，这样的客人只会同专业公司打交道。

5. 有法律上的方便。很多情况下，因为公司规模大，买卖双方的交易都是在同一公司内进行的，如果出现法律问题，双方容易协商，从而避免了恶性指控所导致的法律诉讼。

6. 有专业服务人员。这些服务员从前台服务，到各种文件的准备、处理和上报，到同产权保险公司的联系等等，会省去经纪人很多时间，给经纪人的工作提供很多方便。

7. 完善的客户服务。涉及到房子的各种烦杂事项很多，如修理水、电、冷暖气、厨房、卫生间、前后院等。专业公司因为经纪人很多，而每个人都给客户提供过这方面的服务，因此他们经常会把这些服务好、信誉好的服务人员的联系方式上报给公司，公司就有一个"推荐服务指南"。一旦客人有这方面的需求，公司会马上给客人提供信息，帮助客人解决问题。当然，你自己也可以到处找人，但用别人推荐过的服务可能更可靠。

8. 时刻走在本行业的前沿。房地产行业同其他行业一样，也在不断发展变化。专业公司总是能够在市场变化，科技更新方面及时让本公司的经纪人最先知道，包括相关行业，比如联系最紧的产权保险公司的一些新规定和做法，法律界出现的最新典型案例等等。这些信息都是在公司每星期一次业务例会上通报给经纪人，所以专业公司的经纪人总是能及时得到本行业的最新消息和动向。

（二）选择房地产经纪人

公司选定以后，就要选定一个经纪人来同你具体合作，为你提供服务。毕竟，这是人对人的交往。因为好的公司只是在同等条件下提供了更好的条件，公司的信誉好，并不能保证每个经纪人的经验都很多，服务都很好而且符合你的要求。很多时候公司虽小但是水准也很高，这样的公司和经纪人也是有的。

选择经纪人比较可靠的方法是通过朋友、同事的介绍，因为他们用过他的服务，比较了解这个经纪人的做法、经验乃至为人。当然符合你朋友和同事的经纪人不一定适何你，但最起码你可以从朋友那里了解很多情况。至于这个经纪人是否能和你合作愉快，那只能在交往中相互了解了。

在美国要了解一个经纪人是很容易的事，包括做保险的、做财务规划的、医生、律师，你只要有他的执照号码和名字，到有关协会网站都可以查出来。做得很好的经纪人直接就可以从网上查到，只要把名字打进去即可。

在查到该经纪人合法后，就要了解他的工作经历。很多经纪人有自己的网站，上面会有他们自己详尽的信息。难免会有些夸张的介绍和不太确定的情况，毕竟这是广告类的信息，不必太在意，只是随便看看而已。重要的是要了解一下他的业务范围，也就是工作区域，因为，如果他工作的区域不是你要买房子的区域，建议不要同他合作。因为房地产经纪人如果对某个区不熟悉，他就很难提供最优质的服务。比如说有的社区的房价隔开一条街，价格就会差很多。这绝对是现实而没有丝毫的夸张。经纪人如果不知道这条街就是两个价位不同社区的分界线，他就可能会给你提供错误信息。另外就是学区，这是一个比较麻烦的事情，因为美国很多地方的城市边界线、邮政区线和学区边界线是互相重叠和交叉的，而小学、中学和高中的学区线又不一样。因此，如果这个经纪人不是本地的，他根本搞不清楚哪条街上哪个学校等这些问题。即便是当地经纪人，如果不是很注意，他也搞不清楚。在经纪人也很难搞清楚这栋房子到底上哪个小学的情况下，最简单的方法是去问屋主，如果屋主不在，就去问邻居。如果都不方便找到他们，那只好给校区打电话。打电话时只需告诉他你的地址即可，校区马上就可以告诉你，你要买的房子可以上哪所学校。另外，你也可以上学校的网站查询。

当地的经纪人找到了，还要问一下他每年大概的营业额或他每年能买卖多少房子，这个情况比他干了多少年更能说明问题。因为如上所说，很多人都有执照，有的人甚至持照已经二三十年之久，但是一年可能也卖不了两三栋房子，这种经纪人就可能不是真正在做事，尽管他已经有执照长达几十年，但他的经验也不一定很足。相反，即便是这个经纪人才干了 5 年左右，每年能卖上 10 栋左右房子，那么他的经验可能不比持有 20 年执照的经验差，最起码他对目前市场情况很了解并在积极工作。在加利福尼亚州的都市地区，如洛杉矶和旧金山等，一个比较成功的、有经验的房地产经纪人每年应该卖掉 10 栋左右才算是比较积极在做事的经纪人。用于房地产行业的工作系统软件、文件处理方法每隔几年都会发生变化，同房地产公司关系最密切的产权保险公司也是如此。如果这个经纪人不经常做事，隔不了几个月，恐怕他连工作系统的密码都忘了，更谈不上走在本行业的前沿。

另外一个检验经纪人的方法或技巧是问他的电话号码用多久了。如果这个经纪人曾经换过好几个号码，那他可能就有问题：第一，这个人工作不稳定，也可能是兼职的，今年帮你买了房，明年可能就找不到人了。你如果过几年还有些问题想了解一下或想卖掉房子，那就只能另找经纪人了。第二，这个人的服务水平可能有问题。做服务行业的都希望外界能记住自己的电话号码，为使客户以后容易找到，多数人都尽量不换号码。之所以老是换号码呢，一般情况下大家的反应是，他不想让别人找到他。如果天天有人打电话来谈业务，他肯定不会换号码。我曾经认识一个承包商，经常隔不几年就换号码。我曾经问过他为什么，他只是含含糊糊地说手机不好。后来在交往中我注意了一下，他对别人比较苛刻，经常有事跟别人过不去或欠别人的钱，债主总找上门来要债，所以他老是处在紧张状态。有几次还同我讨论过一些法律问题，因为他官司不断，经常出庭应诉。

也有朋友会说可不可以到公司去问一下他的经理，打听一下。这样做不是不可以。问题是：首先，很多小公司根本没有经理。其次，经理同经纪人之间的关系不是雇佣关系，更不是上下级关系。因此经理不会发表什么不好的意见。第三，为了给公司扩大业务，作为买主来找经纪人，经理肯定是欢迎的，他会尽量让合作成功。经理当然知道哪位经纪人好，经验丰富。如果你走运，你现在碰上这个经纪人就是这样。如果你不走运，这个经纪人不太好，经理也不会讲很明。但如果你谁都不认识，让经理给推荐一个，他肯定会介绍一个好的给你。

看广告找经纪人也是一种的方式，包括电话本、报纸、杂志、网络等。在你刚到一个完全陌生的地方时，这也许是唯一的途径，虽然有些盲目。但如果有亲戚朋友在，还是让他们介绍比较好。

另外前面讲过，在美国很多人都有不同的执照，这里头有很多人都有固定工作做。他们既不舍得丢弃目前的工作，又想有额外的收入，因此就做半职。做半职意味着等他下了班或者到周末才有时间为你服务。当然如果你的时间正好能和他配得上，那就不是问题。但问题是，他是否对市场很了解，是否受过专业的培训，是否有过足够的交易量从而积累了丰富的经验，是否能在你有时间的时候带你去看房子，是否能在上午 10 点钟陪你做房屋检查，下午 2 点钟陪你做白蚁检查，第二天上午等 9 点去给你送报价过去或投标。如果这些他都做不到，或保证不了，或请别人代他去做，这对你是很不利的，也不符合经纪人所签署的行为准则要求。更重要的是，房地产行业同其他行业一样，始终处在变化中，新的技术、新做法、新的规范等经常出现。如果这个持执照的人大部分时间是上自己的班，一年也做不了几笔交易，他就不可能跟上本行业最新的变化。

同经纪人合作，相互的信任也很重要。可以这么说，美国的房地产行业非常规范，对房地产代理公司和经纪人的行为准则和约束有严格地规定而且相当细。细到什么程度呢？“国家房地产协会”颁布的行为准则有 17 条，其中一条里有这样一句话：

“房地产经纪人应对所有的客户提供专业服务，不得因种族，肤色，宗教，性别，残障，家庭状况或国籍而歧视任何人。”

这就是说，不管什么人来找经纪人买卖房子，经纪人都不能因上述原因而拒绝提供服务，而且还要提供专业服务，否则你可以到房地产协会投诉，其结果可能是停止该经纪人经营，吊销执照，或者让他接受法律制裁。在美国，一个人一旦有不良记录在案，此记录会像一个永远甩不掉的影子跟你很多年。这比中国的档案更厉害，因为以后无论你做什么事，上学、申请工作、加入社会团体等，都要填写一些表格，这表格里就有一项让写是否触犯过法律、结论如何等，你一定要如实讲出，让雇佣单位确定是否录取你。当然，你也可以撒谎，雇用单位也可能不会去查。可是一旦被发现有欺骗行为，你会马上被解雇，或执照马上被吊销。

因此，美国的经纪人讲话都非常小心，从来不同客人谈论涉及上述内容的话题，而只说房子的事，除非关系比较熟，彼此有一定了解。另外，经纪人对客人讲实话、提供正确信息、只讲知道的事，更是他们时刻牢记的，这已经成为大家的职业习惯，以防被客人投诉。所以在美国买房子，你的经纪人有 90% 是十分可靠的。当然，这并不是说所有的经纪人都是好的，只能说坏的经纪人是极少数的。

说到这里我们也谈一下经常困扰美国人的“道德和法律界限”。

美国是个法律社会，公民守法是普遍现象。但是合法不一定符合道德标准。相反也是，符合道德标准的事情不一定合法。例如在 1960 年以前，美国白人不对有色人种提供服务并不违法，但这种做法的确不道德。还有，如果见到有人在游泳池里溺水，我们没有法律责任去救他，也就是说你不救人并不犯法，但是见死不救是件不道德的事情。

由于种种规范已经深深印在了许多美国人的脑子里，他们的一些行为和言谈有时令我们中国人难以接受。例如就房地产事情同美国人交谈时，你会经常听到他们说“不知道”或“请你问别人去”。遇到这种情况我们的同胞可能会感到不解，甚至是愤怒。心想我们谈得这么融洽，你又是我的经纪人，怎么突然来个让我“问别人去”！这样的话要你有什么用？尤其在涉及到财务、法律、种族或隐私问题时，美国的经纪人往往不会给你满意的答复。原因是他担心涉及到法律问题，说和不说都不合适，便干脆说让你找别人问去。遇到这种情况时请大家不必多想，把它当成美国人的思维方式就行了，并不是有意同你过不去。

亚洲人普遍疑心比较重，不太容易相信别人。可是如果你有充分的理由说这个经纪人不可信，你可以不用他，换另外的。否则你应该完全相信他。这一点很重要，因为房地产交易是比较大的买卖，时间有时会拖很长，几个月是短的，有时会拖一年，所以各方要诚心合作才能把事情做好。如果连一点信任感都没有，就很难做事，而且更容易出现纠纷，惹麻烦。这是大家都不愿意看到的。

四、选择房子

美国的民用住宅有几种类型：独立住宅（国内的别墅）、连体别墅、多单元独立房和公寓楼。别墅型的独立住宅占全部民用住宅的87%左右，剩下的13%是各种连体房、公寓楼或多单元住宅。这同国内的民用住宅很不一样。

美国的独立别墅都占有一定的土地，土地面积的大小跟地区和州有关系。东西两岸都市区的房子占地面积都较小，有1000平方米就算大的了，而大部分只有600平方米左右，甚至更小。中部很多州的建房用地相对较大，4000平方米或5000平方米一块地是很常见的。但是无论你房子的占地面积有多大，这块土地一旦你买下来，它将永远属于你，你可以做为家产留给子孙后代。这和国内有很大的不同。

较新的连体别墅一般是自家上下楼，左右有邻居，有两层、两层半和三层的。底层多数有两个车位的车库，上面是房子。较老些的（一般20年以上的）社区大都比较宽敞，前后有个小院子，后院连着车库。

多单元独立房也是一栋独立住宅，也有自己的土地永远归屋主所有。但是这种住宅的同一个房顶下，有两个、三个或四个独立的单元，每个单元都有自己的进出口，自己的厨房、卫生间和车库。

公寓楼就跟国内一样，没有土地可言，上下都有邻居，有统一的管理，要交社区费，有地下停车场、游泳池、健身房和活动室等。

别墅型的独立住宅绝大部分没有社区管理费，即便有，也很低，而且多数是新建的社区才有。除此之外，其他的房子全都有社区管理费，每户大概每月交 300 美元左右。社区管理费包括了社区的公共区域管理、垃圾、屋顶、外墙油漆、保险，有的还包括水，通常都不包括用电和煤气。社区的管理有的是交给物业管理公司来管，有的是屋主们自己来管。但无论怎样，都要成立一个物业公司，有一个合法的机构。如果屋主自己管，管委会的人员由所有屋主选出，自由参与，轮流执政。管委会要定期开会，对小区的管理事项进行讨论和决策。同时，管委会还要对所有屋主做财务报告，告诉大家收到的社区费是如何用的等。总之，这是一个大家共同管理的社区。

在确定下房地产经纪人后，你必须给你的经纪人详细解释清楚想要什么样的房子，比如价格上限、学区、城市、社区、面积、是否有游泳池等。经纪人也会根据你的情况给你做些介绍或推荐。目前网络信息非常发达，你当然可以自己上网去找，先了解一下情况大概看一下。但是真正要着手买的时候，最好还是充分利用经纪人提供的信息，因为经纪人所用的系统是专业系统，持照经营的经纪人才能进入使用。这个系统时刻都在变动，比如有新房上市，有房子进入合同，有房子过户等。这样不但信息可靠，而且可以为买主节省很多时间。比如，你自己找了半天，看到一个喜欢的房子，可能学区不对。另外看到一栋价格很好，可是那不是你喜欢的社区等。从经纪人的角度讲，他们也非常乐意为客人提供服务，谈不到麻烦的问题。首先这是他们的工作，其次这是可能的收入来源，只有提供优质服务才有可能得到回报。因此你的经纪人一定会很用心地为你工作。这一点你可以完全放心。

加利福尼亚州的民房都是木头结构。基础部分有两种类型：一种是平板水泥基础，即在处理过的平地上铺上厚厚的水泥，上边是木架房子。这种结构目前比较多，很多开发商建设的小区多用这种基础。它的好处是不容易产生白蚁，而且比较坚固，容易建造。不好的地方是有些管道、电线等都要走在墙里，管道需要修理时就要把墙打开。另一种是有空间的基础，即先开挖地基，然后做水泥墩子，上面架上木梁，木梁同下边地面有大概半米高的空间，人可以爬进去。木梁上做地板，上面是房子。这种结构的成本相对高一些，但修理管道容易。由于地板下铺有保暖层，房间内会比较暖和。缺点是成本高，建起来慢，如有漏水的话，容易产生白蚁。加利福尼亚州绝大部分房子属于这种基础。另外，加利福尼亚州的房子极少有地下室，但是美国中部和东部的房子很多都有地下室。

房子的主体结构是木头架子，十年左右比较新的房子的外墙是由保暖棉、木板、防水纸、铁丝网构成，最外边是水泥。木头架子的内墙是一层石灰板。这层石灰板约 8 毫米厚，外面包着牛皮纸，有一定的强度。门窗都是双层玻璃，保暖效果很好。上水管道都是铜的，下水管是塑料的。屋顶大概有 4 种，一种是水泥瓦，有各种颜色和形状，重量稍重些，成本高但寿命较长；第 2 种是玻璃纤维和油毡混合材料，重量轻，有 20 年到 40 年不同的寿命；第 3 种是钢片瓦，有各种形状，外层涂有带颗粒的涂料，这种瓦寿命长，重量轻，但保暖效果不好；第 4 种是木片瓦，目前只有老房子才有这种瓦，它重量轻，保暖效果好，但易着火，潮湿的地方容易发霉，目前已很少用了。

20 年以上的老房子都是单层玻璃门窗，外墙和地板下面均没有保暖层，屋顶是木片瓦。这和加利福尼亚州的气候有关。这里的平原地区从来不会下雪，最低温度大概在零度，每年有几天会有高温，也就是 35 度左右。四季如春的气候，加上有地震发生的可能，所以当年的房子都建得比较简陋，防震、节能标准都不高，因为当年的环保意识也没这么强。

但是在成熟的好社区、好学区，90％以上都是这种当年的旧房子，它们一般在 50 年左右或更老。比如说华人比较喜欢的洛杉矶地区的圣马力诺、亚凯迪亚、圣弗朗西斯科地区的硅谷等。由于这些地区位置好，方便，学区好，所以开发得也比较早，房子自然也旧。但是房子旧并不可怕，没有保暖层可以加，没有双层玻璃可以换。大不了把房子推倒重建，许多人也正是这么做的。但是如果仅仅是为了住上新房而忽略了房地产最最基本的原则，那就犯了大忌。这个基本原则是：“位置，位置，还是位置。”

为什么位置那么重要呢？因为位置决定了价值和你的生活环境。其实位置有两个概念，一个是宏观位置，一个是微观位置。宏观位置是指房子所在的大的社区环境，这包括：方便程度：上班、交通、买东西、上学；社区安全程度：

人员构成、知识层次、犯罪率等；学区水平：学生来源、家庭背景、升学率等；价格水平：价位高、社区必定好；社区环境：设施好、整齐、干净、景观。微观位置是指房子本身所处的地点。尽管宏观位置选对了，但这并不意味着所有好区里的房子都是好地点。比如说：靠高压线、紧靠商用房、紧靠高速路、地形不正、地形坡度大、位于路冲顶端、大树遮荫、高楼遮荫等等，均不属于好地点。社区再好，地点不好，也直接影响该房的价值。

所以，根据这个原则，在房地产投资上，最佳的做法是在最好的社区选择最好的位置。房子的状况、格局当然也是考虑因素，但那是第二位的。可以这样讲，再好的房子，地点不好不能要，社区不好不能要。如果上面情况都好，但状况不好，这就要看是什么样的状况了。如果年久失修、墙有斜的裂缝、结构有倾斜，这房就有大问题。当然这也要看你是什么样的买主。如果你想买下来马上住进去，这房不适合你。但如果你有时间和经验，也有足够的资金，我建议你买下来，推倒重建。因为这类房子往往价格很低，基本上是在卖地。因为区好，一旦你建了新房，注定上涨空间很大。所以好区普遍有一种现象是，越是破房越有人要，甚至是抢。这种情况发生的太多了，无论房市走高还是走低，好像对这种买主没有影响。因为他们明白，在好区里的好地上一旦建起新房，利润是有保证的。

如果你不属于这一类买主，你既没有时间，也没有经验，买下房后手头的银子也只够做装修，那就去买那种未装修的房子。其实，市场上这种房子相当多。在这里，买主一定要转变一下心态，尤其是第一次买房者，即：

1. 市场上的房子每个都有问题，有毛病，你理想中完美的房子是不存在的。所谓“理想的房子”只是相对而言。所以，一定不要执着于买到十分满意的房子；

2. 请理解并接受房子的那些问题和毛病，因为你要买的这个房子并不是你的，而是前屋主的。每个屋主都会根据自己认为最合适的方法去安排居住环境。前屋主所做的，比如装修、颜色等，是他喜欢的，不是为买主的；

3. 你买下这个房子后，可以对不满意的地方，如格局或装修进行改造，以适合自己的品位；

4. 如果对上述三种情况你还不能接受，那干脆自己去盖。即便是自己盖，肯定还会有不满意的地方；

5. 如果自己盖不了，又看不上别人的房子，那就是自己跟自己过不去了，那你就慢慢找，慢慢看。这种买主也很常见，什么房子都看不上，看上的又买不起，买得起的又不喜欢。本来买房子是件很愉快的事情，结果看房子经历好几年，房子看了好几百栋，最终还是看不上，自己越买越郁闷，不但错过了很多机会，到头来还要多花钱。

如果是夫妻二人，你俩人上班都很忙，还要接送孩子，没有时间去搞装修，也没有经验，那就只好买别人装修好的了。这里面请注意几个问题：a.别人装修的风格、用料、色彩等不一定适合你的口味；b.装修好的房子价格会比较高；c.漂亮房子喜欢的人多，你可能会遇到另外的买主同你竞争；d.外在美不能担保内部也美，为了卖房子去装修，很难保证屋主用的材料是好的。

还有一些买主就一个心思，就是要住新房，学区、社区等都不考虑。当然这也是一种选择，只要你高兴，钱是你出的，房是你住的，别人说什么没关系。但是买房子除了自己住以外，另外一个作用是投资。既然是投资，就不可能不考虑回报，在居住的同时，也希望它能升值，这是大家都期待的。如果能买到一栋房子，它的社区、学区、环境、状况都很好，还能够保值和升值，岂不是两全齐美吗？这当然是最理想的了。但是，事情不总是那么完美，而总是有一些不理想的地方，如价格贵、居住面积小等。这就看你更看重什么，需要自己来取舍了。

学区好的房子一般价格偏贵。有的客人去买便宜的社区，送小孩上私立学校。这当然可以，美国的私立学校到处是，好社区不好的社区里都有。中国人的习惯是，买房到好的学区就是为了上好的公立学校，这样既减少开支又能保证小孩的教育质量。条件好的也有把孩子送到私立学校去的，这样当然会增加开支。可是如果是因为房价你进了低价位的社区，有些问题还是值得探讨的：

1. 俗话讲人以群分。收入类似，家庭状况差不多的，一般会居住在同一社区。价格低的社区居民肯定同高价区的居民有差别。这种状况对成年人影响不太大，你若不喜欢周围的邻居，顶多少来往就是了。但是小孩不一样，大人有时候很难每时每刻关注到小孩在做什么。在不太好的社区里，如果有几个坏孩子，譬如你前后左右近邻的孩子就可能有一个吸毒、小偷小摸，或是有过性侵害记录的，那你住在这样的环境里难道不担心孩子受影响吗？问题是你在买房子之前很难把你所关心的问题全部搞清楚。

2. 如果邻居都很好，他们的小孩也都很规矩，当然是好事。即便如此，这里还会有区别，因为他们的孩子不可能全和你的孩子一样去上私立学校，这是肯定的。这么一来，你孩子的同学关系和社交网络就不是很理想。在学校，他有类似家庭的同学和朋友，回到家，你可能不太想让你的孩子同邻居家的一起做功课。不但做功课如此，恐怕你都不一定想让他们在一起玩。这么一来小孩的网络关系就受到限制，他的同学朋友就很有限，而且质量也不一定高。反过来说，如果你住在斯坦福大学附近，虽说房子小些、贵些，但周围邻居多是受教育程度较高的家庭，他们的小孩也多是用功读书的好孩子，你们的交往自然会多。我们都知道“同学”的这种关系和价值是何等的重要。你的孩子如果在这种环境里长大，从小学到高中毕业，他的同学网络里都是些优秀的孩子，潜移默化，他肯定也会受益良多。有谁知道，他的同学中间将来会不会出现另一个比尔盖茨或克林顿来。

当然，学区不好但是社区很好的地方也有。把房子买在这种社区，孩子上私立学校也不是不可取。

大多数买主从认真开始挑选，到最后买到手，有的用时间长一些，有的短一些，一般用 3 个月到半年的时间，跟个人情况有关。总之，买房子是根据自己的需要来的。

房子看上了，决定要买了，接着就要出价，写合同报给卖方经纪人。顺便说一下，在美国买房子，口头谈价格是行不通的，必须写出来谈。当然你可以在报价之前让经纪人去问一下关于房子的情况。

五、购房合同

美国是一个法治国家，各行各业都有根据自己行业所做出的契约和合同，房地产行业也一样。涉及到房地产的相关合同和文件很多，每个州甚至是地区都有自己的合同。但是，每种合同都有共同的内容，只是个别地方有些区别。就拿加利福尼亚州来讲，加州不同地区还有根据当地情况准备的合同，如硅谷地区使用的合同为“半岛房地产购买合同”；旧金山因为有许多特殊的房子，因此他们为此设计了另外一种合同叫做“房地产买卖合同”；加州通用的合同叫“加利福尼亚州住宅购买合同及共同过户指示”。无论怎样，这些合同的基本内容都差不太多，但加州的通用合同内容最多，也最详细。你只要在加利福尼亚州买房，从圣地亚哥、洛杉矶到旧金山，此合同都可以用。

需要指出的是，这里介绍的内容基本上是在美国大部分地方买房子时都有可能遇到的，而不会采取一个固定的合同文本来解释，更不会按合同条文逐句翻译，原因是：

1. 译文是从英文来的，直译出来的中文还是英文的原意，充满了法律条文，不容易理解；

2. 用解释的方式介绍在美国买房子所遇到的问题，更容易被大多数读者接受，很多时候，英语解释了半天，用中文一句话就能解释清楚。因为这是通过我十几年的房地产经验和理解后，按我们中国人的习惯来讲解的。

3. 如果买主在某个具体的地区买房子，请同当地的房地产经纪人联系，让他们给你解释当地所用的合同内容。

4. 这里介绍性的解释同法律无关，有的是我个人听相关人士讲的，如公司经理、公司律师、过户中介公司、产权保险公司等；有的是自己学到的或者亲身经历的，如上课、培训、案例、业务实践等。有的信息可能不甚准确，如果这样，只能归咎于自己知识不足。

5. 读者不应完全以本书为准绳来处理在美国买房的问题，而是应当在遇到相关问题时，就具体情况咨询相关律师。

（一）代理关系协议

在美国写房屋买卖合同之前的第一件事，是先签署代理关系协议，确定某某代理公司和经纪人是你的经纪人。这个协议明确了代理公司和经纪人的职责，解释了经纪人应尽的责任，简单地说：经纪人应以自己最大的专业能力，全心全意地、诚实地为客户的最大利益去工作。代理关系文件另有单页可签。

这个代理关系文件必须在写此合同之前签字。如果以后经纪人和客人出现纠纷，有关人员检查文件的第一件事，就是看经纪人和买卖方之间是否有合法的代理关系。如果代理关系协议签在合同之后，那么经纪人同客户之间的关系就有可能出问题，即他们之间的代理关系被视为不存在。

这种代理关系文件的签署，仅是为了在买某一栋房子时用。如果那栋房子没买到，这种代理关系也就解除了，双方没有连带的后续责任，经纪人也不能说他就是你永远的经纪人。

加利福尼亚州还有一种在一定时间内对双方都有约束力的代理关系协议，称为独家代理协议。该协议签署后，在一定的有效期内（一般是一年左右）签字的代理公司和代理人就是买方的独家代理，也就是说，买方只能同他合作。如果在有效期内买方找别的公司和经纪人合作并成交了，这个独家代理公司就有权向买方索取佣金。

在大多数情况下，我们不同买方签署独家代理协议，因为这会给买方带来压力。买方很自然会想，如果合作期间他对经纪人的服务或经验等不满意的话，在合同有效期内也不能换人，否则就会出现法律纠纷。

（二）买房者姓名

此处填写买方的法律姓名。有时候买主买下来只是为了翻一手，而并不打算拥有这个房子，甚至在过户之前就有可能卖掉。在这种情况下，买主在写自己名字的同时，后边可以写“或被转让者（or assignee）”。

在加利福尼亚州买房子，如果是已婚夫妇，则两人都要在合同上签字。即便是有一方因故不能签，那在过户的时候他（她）也必须签。如果有一方想仅仅为自己买下来，不让对方知道，这是不可能的，因为在申请贷款和过户时，有关文件会让你填写已婚或未婚。如果你不讲实情，这是一种犯罪行为。如果你想让配偶放弃产权或配偶想自动放弃产权，则放弃方可以填写一种表格即可（quit claim deed）。

（三）价格构成

1. 定金：一般是个人支票，为合同金额的3%，是头款的一部分。收款人为第三者“产权过户保险公司”或“过户中介公司”。写合同时有一个支票复印件即可，合同成交后，真支票才交上去，该公司才会取钱。定金可以分为两次交上，一共为3%。有关“产权过户保险公司”以后详谈。

定金是合同成交后的第一笔款项。这笔钱被过户中介公司收走后，在某些情况下可以收回来：

(1)在合同规定的时间（10天左右的反悔期）内检查房子，买方对检查结果不能接受；

(2) 成交后卖方没有在规定的时间内给买方提供有关房子状况的文件；

(3)买方看过由屋主提供的上述文件后不能接受房子里所出现的问题；

(4) 买卖双方就房子修理等问题达不成协议（如白蚂蚁损害严重，买方要求卖方修理)；

(5) 买方贷不到款，或拿不到自己想要的贷款利息；

(6)买方不接受卖方提供的产权报告中的问题（如地界上划出一部分，让别人有通行权)；

(7) 买方看完环境地质报告后不满意（如房子靠地震带太近)；

(8) 买方对政府所征收的房地产税或别的收费（如社区管理费、开发费等）不满意；

还有很多问题买方如果不能接受，都可以退出合同拿回定金。详情在“反悔期”部分将作详细介绍。

2. 补足定金：定金可以分成两次交，一共为合同价的3%。补足定金的时间限制是在反悔期到期之前。

3. 贷款买房和现金买房：如果买方要做贷款，贷款的金额要写清楚。一般买房要放20%的头款，即3%的定金加17%头款，80%的贷款。关于利息，合同里可写进一个大概数，因为在正式贷款时可能会有差别，因为利息是浮动的。买方还可以写进一个他认为可以接受的利息，如果拿不到这个利息，买方可以退出合同收回定金。

一般来讲，合同成交后数天内，买方应向卖方上缴由贷款经纪人或公司写的“贷款预估批准信”(实际上多数买主在报价时都已拿到此信，但是这种预估批准的贷款是有条件的，如果不能满足贷款银行的条件，买方还是拿不到贷款)。如果拿不到贷款，买方可以退出本合同，定金将会退还买主。如果买方贷款获得正式批准，买方就应签另外一个文件，取消“贷款退出条款”。这意味着，买方以“能否贷到款为条件”来买房的条件就不存在了。此时如果买方再提出退出合同，就会变成买方违约，其3%的定金将被扣押在产权过户保险公司，等待处理。

美国的贷款名目繁多，此不赘述。我们中国人基本上都是按自己的工作和收入情况办理普通的贷款，而且信誉分数都很高，办贷款大多没有问题。这方面要同你的贷款经纪人详谈。

在市场上升时期，尤其是在好学区抢房子的时候，有的买主财务状况很好，肯定能拿到贷款，为了增加报价的竞争力，就会尽量少提条件。因此买主就不再提“贷款退出条件”了。但是在此情况下，如果买方拿到了合同，后来又改变主意退出合同，卖方有权没收买方 3%的定金。

4. 估价退出条款：如果买方的报价被接受了，合同成交，并也拿到了银行的贷款，银行还要对房子进行估价，看这房子是否值那么多钱。尤其是在抢房子的情况下，买主要加价才能买到房子，因此会出现不理性的报价。所以贷款银行为了不使自己亏损，要对房子进行估价。如果能估到报的价格，银行就会提供贷款，否则银行只提供他认为合适的贷款。譬如，要价 80 万，5 个人来抢，最后报 95 万的买主拿到。该买主放头款 50 万，贷款 45 万。但贷款银行对此房进行估价之后，认为只值 90 万，因此只能给买主贷 40 万。可是买主的成交价是 95 万，这 5 万的贷款缺口怎么办？解决的办法只有一个，增加头款，将 50 万增为 55 万。有时候买主拿不出那么多现金头款，同时也怕自己报价过头，因此就增加一个条款来保护自己，即“估价退出条款”。如果银行估价到不了 95 万，买主可以退出合同，定金退还。此事要在双方同意的时间（如两个星期）内办理。过了时间之后再以此条件退出合同，就算违约。一般来讲，取消了“贷款退出条款”就意味着也取消了“估价退出条款”，除非特别注明。

5. 现金合同：目前国内很多投资者用现金来买房。如果这样，上述涉及贷款的所有问题便不存在了。但是合同成交后数天之内，买方应当向卖方提供资金证明。国内主要银行发出的中英文存款证明都可使用。

在美国用现金买房非常简单。首先美国市场是开放的，任何人都可以来投资。投资者没有美国身份也没关系。其次，就房地产来讲，只有在你要卖房的时候才会出现税务的问题。关于此问题在以下章节里会有介绍。

（四）买房成本

本条款仅注明由谁来支付各种检查和测试报告的费用，不涉及检查报告中指出的修理费由谁来付。在加利福尼亚州买房，买主开销很少，仅有一些杂项手续费，加起来不过是房价的 0.5%左右。卖方费用较高，佣金是一大头，一般为房价的 5%～6%，另有一些过户手续费等杂项费用。还有一些费用由买卖双方分担或由单方负担，而且不同的县费用分摊也不一样。这些费用大部分都是选项，卖方根据报价的高低同买方协商。

1. 检查费用：在美国买房一般都进行房屋检查，包括排污系统检查、环境有害物质检查、白蚁检查、房屋常规检查、屋顶检查、烟囱检查等。最基本的检查有三项：房屋检查（500 美元左右）、白蚁检查（150 美元左右）和屋顶检查（300 美元左右）。当然，买方可以做任何他认为有必要的检查。有时候，卖主在卖房子的时候已经对房子进行过检查。如果这样，买方一般不需要再做检查，除非你对个别地方特别注意。

2. 其他费用：

（1）城市和县的物业转换费。城市和县的物业转换费各地都有固定习惯做法，该谁付就谁付，没有太多可选。但如果买卖双方谈有条件，则按条件办。具体金额各地市都不一样。

（2）社区物业文件转换费。如果买的是公寓单元住宅，还牵涉到社区物业文件转换费，约 300 美元左右。

（3）家用设备保险费。这也是一选项。为使新屋主搬进后生活方便，过户时我们都建议买一年的设备保险，一旦水、电、炉子、热水器、管道等出现问题不能正常使用，屋主可以打电话找保险公司来修，屋主仅付跑路费约 60 美元，工、料等全由保险公司付。这项保险费约 350 美元 / 年，选项多的话，还会多给些。一般来讲如果保到 500 美元 / 年，基本上所有项目都可以包完了。

（4）过户手续费。买房过户手续费是指通过产权保险公司过户的各种杂项费用，如文件处理费、签字公正费、邮递费等。卖方产权保险费虽然是选项，但该谁付，各市和县一般都有习惯做法，除非买卖双方另有说明。

（五）入住和过户

买主买下房产是否用于自住对贷款有影响，因此，合同中应写明所买房产是或不是用于自住。如果自住，贷款利息就低，如果是投资，贷款利息就高。

如用现金买，就不牵涉到此问题。

"返租合同"很常见，原因是卖方在过户后需要约一两个星期的时间搬家，此间卖方仍需在原屋居住。但由于产权已经转换，原来的屋主现在变成了租客，所以要签租房合同。租金按天算，计算方法是新屋主应付的每月费用除以天数，租客住几天就按几天算。通常屋主住房的每月开支是：本金 + 利息 + 房地产税 + 保险费。加利福尼亚州的房地产税大多不超过房价的 1.5%/年，各个县有差别。

租客应在过户前数天内搬出，除非另有协议。如果卖方没有按照相关条款或法律按时将房子腾空，卖主可能造成违约。有时候买主买下房子是为投资，不是自住，所以新屋主有可能会让原租客继续租下去。至于原来的租房合同是否延续或重签，就是双方的事了。

产权过户时，卖主应将有关设备等担保书转让给新屋主，代理公司无法确定某物是否可转让担保期。同时，卖主应当把房子、信箱和车库门等钥匙交给买主。如果房子是社区楼房，卖主还应当把社区活动中心的钥匙和有关文件交给买主。

（六）卖方提供法定房屋状况文件

合同成交后，在规定的时间内（一般是两个星期左右），卖方应当给买方提供下列涉及房屋状况的文件：含铅油漆危害状况文件、房屋状况文件、环境及自然灾害文件、房产税文件以及卖方所知道的涉及房屋状况和周边环境的问答等文件。买方在规定时间内将上述文件看完并签字后交给自己的经纪人。如果在过户前卖方发现提供给买方的文件有误或有新的发现需要修改或补充，卖方应立即写出补充文件予以澄清和解释。

如果上述涉及的文件是在合同签字成交以后提交给买主的，买主可以在收到上述文件后 3 天内，以书面形式通知卖方或其经纪人取消合同。

建于 1978 年以前的房子，屋主都要提供一个证明文件，说明是否有铅中毒的状况。

关于性犯罪者数据库（梅根法 Megan's Law），买方可以到法律部的官方网站 www.meganslaw.ca.gov 查询性犯罪人员。根据他们的犯罪史，可以查到他们的住址或所在的邮政区号。如果买方对周围状况不放心，可以在规定的反悔期内解除合同。

（七）连体住宅房屋文件

在合同成交后，卖方应当在规定的时间内给买方提供文件，说明本房产是何种类型，如公寓式、连体别墅式，或者其他产权形式。如果是公共管理型的公寓住宅和连体别墅，卖方就必须提供：物业管理委员会文件、是否有针对物业管理委员会的法律诉讼、屋主的车位及储藏间位置说明、最近一年的管理委员会文件、物业管理委员会的人员及联系方式。如果买方对物业管理委员会不满意，或对社区不满意，可以在规定的时间内退出合同。

（八）价格所包含的项目

买房子一般仅包括不动产。虽然如此，住宅内还是有些东西需要说明是否包括在房价里。下述项目一般属于固定资产随房子卖：

1. 所有固定在房屋上的东西；

2. 现有的水、电、冷暖、照明、厨房内固定设备、壁炉设备、太阳能设备、纱门窗及窗帘、电视及卫星天线、室内传呼系统、报警系统、空调、游泳池设备、车库门遥控器、信箱、庭院、树、水过滤器 / 软化器等（不包括冰箱）。

如有额外项目需要解释，如卖方带走项目，要另写清单说明，卖方对留下的项目一般不提供担保。除非特别说明，音像设备如果是通过固定支架连接在墙上的话，不包括在房屋售价内。

（九）房屋状况

加利福尼亚州的通用房屋合同是“现状出售合同”，除非另有和约。意思是本合同涉及的房地产是按目前现状出售的，即买方所买的就是所看到的。卖方不会再对房子进行任何改进和装修。但是买方有权对房子进行所有他认为必要的检查。另外，卖主有责任维持房子目前的状况，不得使状况恶化下去，直到过户为止，这包括庭院、游泳池等。过户之前，卖方应当把所有的个人用品或垃圾全部清理干净。

在这种情况下，卖方应当在规定的买方反悔期时间内，向买方提供所有就卖方所知的、涉及房屋状况和影响到价值的信息，包括过去5年里是否向保险公司提出过理赔，以及提供法定的所有文件。另外，买方有权对房子进行各种他认为有必要的检查，但所有检查必须在反悔期内进行。检查后如果发现有不可接受的问题，买方可以向卖方提出修理的要求，退出合同而不受损失，或提出其他要求（如让卖方降价或退现金等）。

合同中一般都有对买方的忠告，即买房子是要把你所关心的所有问题调查清楚，并建议买方对房子进行详细检查，以确定其状况是可以接受的，因为卖主也不可能对自己的房子完全了如指掌。卖方认为很普通的事也许是买方最看重的问题，例如学区问题、地震问题、安全问题、房子的加盖或变动问题等。

（十）买方调查房屋及影响房屋的事项

买方买房子是有条件的，这就是说，即便是合同成交了，也不意味着买方必须要把房子买下。在反悔期时间之内，如果买方对房子的检查结果不满意，买方可以退出合同，定金也会退还。如果买方对调查结果很满意，并且其他条件都得到满足后，另签一文件，取消所有条件。在此文件签字以后，买方才算是完全无条件地执行合同。此后如果买方再提出取消合同，买方就造成违约，定金将被扣押。

合同给买方的提示有很多，目的是提醒买方对涉及房子的所有问题进行调查，如：水、电、气、管道、屋顶、基础、结构、地界、学区、房地产税等；是否有过含铅油漆的中毒历史；白蚂蚁检查；周围邻居性犯罪人员调查；保险公司是否能对本房子提供保险等。这里仅仅是一提示，“买房调查指南”文件中另有详细信息。

卖方应当在买方的反悔期内给买方的调查提供方便，予以配合。买方在调查所有的问题之后应当在反悔期内签署无条件执行合同文件，或者取消合同。

买方有责任给卖方免费提供检查报告。在房屋过户之前，卖方不应当关闭水、电、气等，以使房子能正常使用。检查房屋时如出现因检查而造成的损害，买方应付全部责任并予以赔赏。买方也不能因检查房屋而对卖方提出要求或控告卖方。卖方不对因买方检查房屋所造成的任何损失予以赔偿。

（十一）产权文件

在买方的反悔期内，卖方应当在合同成交后规定的时间之内给买方提供产权报告。该报告由产权保险公司出具，证明此房是由产权保险公司保险的，买主买下房子之后如果出现产权纠纷，保险公司将会出面解决。此报告还包括影响产权的所有信息。买方如对产权有疑问，应在反悔期内进行调查。另外，产权报告所显示的情况是按目前产权所有人的情况而写。在买方的反悔期内，卖方有责任向买方揭示所有可能影响到产权的问题。

在过户签字的时候，买方应当确定以何种形式拥有产权。美国的产权拥有形式有数种，最长用的是“夫妻共有财产”和“联合拥有财产”，大概意思是一旦有一方过世，另一方自动拥有财产。但在税务问题上可能有区别，详细内容必须从会计师那里咨询。

买方会收到产权保险公司的保险单。像其他保险一样，买方可以增加更多的保险项目，但是费用会增加。详细保险内容要从保险公司那里了解。房产证是在过户数月后由县政府有关部门寄来的，它仅仅是一张普通的白纸，没有任何色彩和装饰。

（十二）买方反悔期

反悔期的时间只有在买卖双方都同意的情况下才能改动。买方想在反悔期内取消合同而不受损失，一定要有诚实和无可争辩的理由。请注意：诚实和无可争辩的理由，并以书面形式体现。如果买方利用反悔期而随便找个理由就想退出合同，卖方仍然可以认定买方违约，扣押买方的定金。因此，买主利用反悔期退出合同一定要慎重。

卖方要在合同成交后（一般是 10 天左右）给买方提供房屋状况文件、检查报告以及问答文件。买方要在合同成交后（一般是两个星期左右），完成对房子的各种检查，并在卖方提供的所有文件上签字，然后送还给卖方。在上述时间内，买方可以就房子检查出来的问题和毛病对卖方提出要求，让卖方给与修理或补偿。卖方可以配合或拒绝买方的要求。如果卖方拒绝了买方的要求，买方可以退出合同并收回定金。

在上述时间内，如果买方对检查结果满意，或者卖主同意了买方提出的修理要求，买方应当签另一文件，决定无条件执行合同直到过户。但在反悔期以后如果买方再提出条件撤出合同，买方便造成违约。如果买方坚持这样做，买方的定金就可能被扣押。

通常情况下，在反悔期时间过后，卖方取消合同之前，买方仍然可以选择无条件执行合同或取消合同。但如果买方选择了无条件执行合同并提交给了卖方，卖方则不能取消合同。

在合同规定的买方反悔期之内，卖方应当给买方提供文件，证明卖方是否为加州居民。如果是，那么卖方（夫妇）卖后所得利润在 50 万美元（单身 25 万）以内是免税的。如果不是加州居民，则要按联邦和加州法律交税。详情请问会计师。

如果买方取消了反悔条件，选择无条件执行合同，买方被认为是：（1）对房子进行了所有必要的检查，阅读并接受了所有房屋状况文件和报告；（2）执行合同；（3）支付所有的修理、改动费用以及拿不到贷款的后果。

（十三）卖方反悔的条件

合同成交后，卖方也有取消合同的权利：

1. 如果在反悔期到期时买方没有任何行动，既没有向卖方提出修理或补偿要求，也未签署无条件执行合同的文件，卖方将会向买方发出书面履约通知，或取消合同。在此情况下，卖方应通知产权过户中介公司退还买方的定金。

2. 卖方在给买方发出履约通知后，如果出现下列情况，卖方可以取消合同：

（1）买方没有按时支付定金；

（2）买方的定金是空头支票；

（3）买方没有拿到贷款；

（4）买方没有提供资金证明；

（5）卖方不认可买方的资金证明；

（6）买方没有在规定的反悔期内将下列法定文件签字后送还卖方：房屋状况问答文件、含铅油漆中毒文件、环境地理报告、税收报告和其他法定文件；

（7）买方没有交够3%的定金。

合同取消后，卖方应当通知产权过户公司将买方的定金退回。

3. 发给买方履约通知应以下列方式进行：以书面形式，有卖方签字，给买方至少两天以上的时间答复。该通知不应在买方反悔期未到期的两天之前发给买方。

（十四）关于修理

卖方所提供的修理都应在过户之前完成。修理可以由屋主自己动手或请人做，但条件是要满足当地的法律许可要求并经得起检查。修理所用的材料和做工应是普遍可以接受的。买方也应该知道修复部分不可能同原始状况一样。卖方应当：（1）保留所有修理的收据；（2）记录修理项目的日期；（3）给买方提供所有收据的复印件。

（十五）关于过户

所谓的过户，在美国就是一个产权名称的更换，由产权过户中介公司来做。当买卖双方完全履约了合同，并在中介公司签了字，中介公司便会到县里办理换名手续。一旦这个过程做完，产权移交正式结束。

过户日起的前几天，买方有权对房子进行最终检验，以确认：（1）房子是否维持原状；（2）修理是否合格完成；（3）卖方是否完全履约。买方的这个最终检验不能做为不过户的理由和条件。

过户日起就是买卖双方财务分清之时。原来屋主已经付过的项目如房地产税、社区费等，在过户之日算清，多退少补。买方应付的所有费用从过户之日开始算。

有时候卖主因故不能在产权过户当日将房子移交给买方，而会因搬家或别的原因再住上几天。这时就会出现“反租”情况，即原来的卖主现在变成了租客。出现反租时要签订租房合同。需要指出的是，租金的计算不是按照租房市场行情来的，而是按照新屋主买下房子后每月的实际支出来计算的。这个实际支出包括本金、利息、房地产税和房屋保险费。除此之外，还要要求租客把押金放到过户中介公司，用于在租客租用房子期间或搬家时对房子造成损坏的赔偿。如果租客搬出后没有出现损坏，屋主应当立即通知过户中介公司将押金全额退给租客。

（十六）共同过户指示及过户中介公司

在美国买房子都要通过“过户中介公司”办理产权的移交，虽然法律没有规定必须这样做。买卖双方均有权选择一个这样的公司。他们的作用是：①收取定金；②执行买卖双方之间的收款退款协议；③收集保存合同及相关文件；④支付佣金；⑤给买卖双方提供过户指南；⑥保证买卖双方执行合同；⑦实施过户职责。

合同成交后，一般由卖方的经纪人将合同立即上交过户中介公司，进行开户。过户中介公司对合同的签收与否不影响本合同的有效性。

代理公司是本交易的一部分，并根据合同的相关条款，通过过户中介公司收取佣金。买卖双方指示中介公司在过户后佣金的支付方法，并同意免除中介过户公司在本交易中的任何责任。佣金比例的变动必须有代理公司的书面指示。

（十七）清算损失

如果买方违约放弃本合同，卖方将扣留买方的定金，数额最高不超过合同金额的3%，超额部分应退还买方。定金的退还应有买卖双方签字同意。

（十八）纠纷的解决方法

如果双方出现纠纷，在采取法律措施和仲裁之前，买卖双方同意先进行调解，并也同意以相同方式解决同代理公司之间的纠纷。调解费用由当事人分摊，如有一方没有按此程序先调解或拒绝另一方提出的调解在先的要求而采取了其他方式，则这一方已付的律师费将不会被退还，即便他是胜诉方。本调解条款是不可取消的。

如果上述调解方式不能解决纠纷，下一步的解决方法是仲裁。仲裁员的选择按当地规定进行。一般情况下，买卖双方同代理公司的纠纷也以仲裁方式解决。请注意，如果双方同意了上述纠纷解决方式并签字，就意味着同意放弃到法院打官司的权利，接受仲裁条款是出于自愿。

对买方来讲，接受这种解决纠纷方式的好处是，一旦买方违约，卖方对买方的最高追索金额不超过买方所付的定金，也就是3%。否则，卖方可以无限制地住追索。

（十九）合同的成立

上述纠纷解决方法条款一旦签字，就成为本合同的一部分。所有条款必须由双方签字，合同才视为成立。此前，卖方有权继续出售房子。如果买方报价被接受后又改变主意造成违约，则买方应支付代理公司的佣金。所签合同及相关的补充文件均视为合同的一部分。

如果卖方没有在规定的时间内在合同上签字并提交给买方或其经纪人，合同将视为无效，买方的定金也将退还。

时间是根本的决定因素。合同就是买卖双方对有关事项最终的、完整的、清晰的文字描述。合同的解释及纠纷的解决均应符合当地相关法律，买卖双方，除非同意以文字表达，任何一方不得对合同有任何改动。

卖方必须保证他是本房产的屋主，有权执行本合同并接受了合同中的所有条款以及各方的代理关系。卖方确认对合同条款无异议后，要声明已收到本合同并授权其代理公司将其交给买方，合同末尾，需双方签字，格式为：

买方签字	卖方签字
代理公司签字	代理公司签字

六、房屋交易文件

加利福尼亚州的房屋交易文件越来越多，随着时间的推移，以后还会有更多的文件出现。造成这种情况的原因是多方面的：其一，加州的房地产交易没有律师参与。这同美国东部或别的州不一样，那些地方买卖房子除了房地产经纪人以外，一定要请律师进行有关文件和事情的处理。其二，房地产交易出现的纠纷很多，有的相当复杂，有的非常典型。在这种情况下，为了杜绝类似情况的发生并提醒经纪人在交易中对此事予以足够的关注，相关文件作为固定的信息便出现在房地产交易的合同里。其三，随着科技进步，房地产买卖和信息处理的手段也不一样了，传统方式满足不了现代的需要。所以文件数量的增加也是自然的了。

房屋交易文件的提供和签署时间在合同里有明确规定。在大多数情况下，买方都是先看房子。选好房后，写一个合同给卖方，卖方收到合同后，在规定的时间内给买方提供房屋状况文件。有关房子的情况会涉及到很多问题。如卖主的情况、房子是否有漏水、是否有白蚁、管道是否换过、房子是否装修过、暖气冷气是否能用等。在大多数情况下，这些情况都可以在合同接受以后去了解、检查。检查之后如果对检查结果不满意，买主可以退出合同。

然而在市场较好的时候，在大家都抢房子的情况下，为了让所有有兴趣的买主都有机会报价，卖方往往会在房子上市之前就把房子全部检查一遍，并把所有应该填写的文件全部准备好让有兴趣的买主参阅。这样做的好处是：①在报价之前买主就已经了解房子的状况了；②根据房屋状况文件，买方在出价的时候心里比较有底；③如果买主觉得房子状况不好，那他可以决定不买；④避免成交后再检查房子而产生的意外，导致买主中途退出合同，浪费时间。

房屋状况文件包括以下内容；

（一）房屋检查报告

美国有专门做房屋检查的公司。在房屋转手买卖时，屋主或经纪人就会同这些公司联系对房子进行检查。检查的内容包罗万象，从房顶、结构、基础、管道、上下水系统，到冷暖设备热水器、炉灶、电路、门窗等，全部检查一遍，最后写出一个报告给屋主。检查出来的问题都会写在上面。有时检查员还会提出些建议和提示，注意事项等。收费一般在400～500美元左右，时间约为2～3小时左右。这个费用在买主和卖主之间是可以协商的。有时候卖主在房子上市前已经作过检查，但买主不放心，还要做检查，这笔检查费就由买主出。如果卖方没有做过检查，那么合同里会有由谁付检查费用的选项。

除了对房子进行系统检查以外，买主还可以对某些单项进行更详细的检查，如烟囱、屋顶、基础等。房子检查完后，会发现一些问题，如有屋顶有漏水、电线有不安全的地方等。这些问题该如何解决呢？如果修的话，费用由谁出呢？买卖双方的责任界限在哪里呢？这些具体问题我们会在下面的合同解释里详谈。

（二）白蚁检查报告

加利福尼亚州的气候比较干燥，温度适中，既无严寒大雪，又无酷暑梅雨，所以这里的房子一般不会由上述气候的原因而造成损害。但是有两种原因会对房子造成损害：一是地震，加州整个西海岸的和多地区都在地震带上或靠近地震带，虽说没人知道地震何时发生，但一旦发生就会对房子造成损害；二是白蚁，白蚁也有不同的类型，有的专吃受潮的木头，有的在地低下。但无论在哪里都很正常而且并不可怕。原因是：第一，任何白蚁都是可以除掉的，不但方法多，而且效果好，对环境也没有什么影响，美国在这方面的技术非常成熟；第二，白蚁是不可能除根的，今年你把它消除了，过几年它又会出现。因为白蚁也是乱跑，哪里潮湿往哪里去。你家刚刚消除了，它又从邻居家跑来了，防不胜防。但是如果你能保持房子干燥，管道没有漏水，吃软木的这类白蚁就不会来。还有一些屋主为使房子一直保持无白蚁状况，干脆就把房子交给专业公司来养护，每个月交月费就行了。这些专业公司定期来检查，一旦发现有白蚁就会马上处理，使房子一直处于良好状态。

检查白蚁由专业公司来做，检查员不用任何机器和设备，纯粹是用眼观察和用一根铁棒接触来判断白蚁状况，然后写出报告交给屋主。因为这些检查员都受过专业训练，一般情况下，凡是有白蚁的地方都能检查出来。但是由于不借助任何机器设备，而是纯粹人的行为，因此很难说检查结果是百分之百准确，有可能出现遗漏。在这种情况下你当然可以找另外一家公司再检查一下，但是第二个检查结果肯定跟第一个有不同的地方。所以我们一般检查一次即可。多一次检查多一次费用不说，还会造成些麻烦和不愉快，因为两个检查结果有时会有冲突。反正白蚁过几年还会出现，到时候还要做。检查费一般是 150 美元左右，大房子会贵些。

（三）环境地质报告

这是一份约有六十多页的报告，来自专业的地质公司。该报告涉及此房所在的自然环境状况、政府所收取的房地产税的详细用途，以及卖主是否向保险公司提出过理赔等信息。有关自然环境方面，报告显示出下列信息：

1. 特别洪水灾害区

这是按“联邦灾害管理局”标准划定的区域，洪水灾害按百年一次的频率计算。如果房子位于此区内，房屋贷款公司则要求屋主购买洪水保险。

2. 潜在洪水区

位于这种环境区域的房子有可能遭到周围水库溢水和水坝崩裂所造成的洪水灾害。因为发生这种情况的机率特别低，所以屋主不必购买洪水保险。

3. 森林火灾区

这是州政府森林局划定的标准。如果房子位于此区，政府有可能要求屋主更换屋顶，清理房子周围的植被，对烟囱进行防火处理等，以控制火势蔓延。

4. 地震区

官方确定的地震带由州政府地震局颁发。加利福尼亚州的几个都市区都会受到地震的影响，有的城市就位于地震带附近。地震带带宽的定义大概 400 米，左右两边再加上约 200 米的延伸，基本上一公里左右。在山坡地，报告还显示了这里的土质是否松软，并在地震发生时是否有滑坡危险等。

5. 废弃军事区

这种区域有可能残留有工业废弃物，如军用油脂、化工原料和武器等。

6. 工商业区

如果该房子位于工商业设施，如加油站、餐馆等两公里之内，报告要显示出来。

7. 飞机场噪音

如果附近有飞机场，社区噪音在65分贝之内的话，本社区就视为在噪音区内。

8. 霉菌提示

此项文件向买主提示，旧房子里可能会出现霉菌，并可能对人体造成危害。因此，如果买方认为必要，应当雇佣专业的霉菌检查公司，以确定严重程度。

9. 税收报告

有关房地产税方面，报告显示如果买方买下此房，应该向税务局缴纳房地产税的金额以及这些税金用到了何处。同时还显示房子所在地是否在政府规划的特殊税收区。这种特殊税收是向居民征收，用于社区建设。

10. 环境污染报告

显示出在房子的400米半径之内是否有加油站的漏油漏气污染。

11. 理赔历史

有关保险理赔的历史。如果原屋主从保险公司理赔过，文件上会显示出理赔的项目、时间和内容，是否已经结束还是仍在进行。屋主可以根据所有这些信息决定是否买房子。

12. 产权报告和产权保险

本报告显示出房产的法律所有人是谁、目前债务的金额、债权人是谁、房地产税是否按时上缴、房子是否有法律纠纷、是否有未清债务、市政为修理线路可用路线、是否处在被银行收回的过程中等。另外报告还显示有关地理位置的坐标描述以及边界地形的尺寸和大小。在规定的时间内，买方如果不接受产权报告里的内容，买方可以退出合同。

产权保险同其他保险一样，是一个保险单，它会保护买方避免因产权纠纷而出现的风险。美国的产权纠纷比较复杂，有些纠纷不一定马上出现，而是在过户以后好几年才出现。可以这么说，汽车保险是为今后可能发生的事件担保，产权保险是担保可能已经发生在产权里的不测事件。

例如：

1. 某财产继承人失踪很久，有一天突然出现在你家，说这是他的房子；

2. 有人曾伪装成屋主在过户文件上签名；

3. 头脑不健全的人把房子作抵押；

4. 地界尺寸出现问题。

产权保险费是一次性的，各地不一样，在加利福尼亚州，一般它是房价的0.5%左右。如果保险范围不同，价格也会有别。详细问题要从保险公司那里查询。

（四）屋主填写房屋状况问答

该文件原文为物业状况揭示陈述。这是一个3页纸的文件，根据加州民法第1102条款制定。该文件是卖方根据自己所知就有关涉及房子各个方面的状况所做的答复。它既不是买卖之间的合同，也不是经纪人对房子状况的展示。内容包括：

1. 房子所有的设备都包括哪些，它们的问题是什么；

2. 房子的结构状况如何（约有15个问题），它们的问题是什么；

3. 房子的环境及产权状况如何（约有16个问题），它们的问题是什么；

4. 卖方经纪人是否发现什么问题；

5. 买方经纪人是否发现什么问题。

顺便说一下，这里问经纪人是否发现什么问题，是指经纪人进出房子各个地方以及房前房后所见到的问题，如地上有水、墙上有裂缝等，经纪人也要记录下来。经纪人的责任也就到此为止，他们没有责任作进一步的调查了解。最后是买卖双方签字，双方经纪人签字。

（五）屋主填写房屋状况补充问答

该文件共9页24项，包括：

1. 房屋指标：包括房龄、占地和居住面积、拥有年数、所有信息来源；

2. 房屋改动：装修历史、结构调整时间、是否有许可证；
3. 基础 6 个问题；
4. 内部 10 个问题；
5. 漏水 5 个问题；
6. 房顶 / 外墙 3 个问题；
7. 暖气 / 空调 11 个问题；
8. 电路 / 电器设备 4 个问题；
9. 网络 / 电话 / 电视 20 个问题；
10. 管道 / 供水系统 13 个问题；
11. 私家水井 / 供水系统 8 个问题；
12. 排污 4 个问题；
13. 化粪池 9 个问题；
14. 废弃水井 / 化粪池 / 排污 2 个问题；
15. 庭院 / 灌溉 9 个问题；
16. 游泳池 / 桑拿 8 个问题；
17. 宠物 6 个问题；
18. 邻居 12 个问题；
19. 环境 10 个问题；
20. 政府 / 社区管理 17 个问题；
21. 产权 / 纠纷 10 个问题；
22. 保险 / 理赔 3 个问题；
23. 其他 9 个问题；
24. 需要解释的事项。

（六）含铅油漆中毒报告

过去的油漆大部分含铅，同这种油漆接触过多会对人体造成危害，包括儿童智力和记忆力下降、孕妇出现事故等。因此美国有法律规定，凡是 1978 年以前建造的房子在出售时，卖主必须填写本报告，以显示本房屋里是否发生过铅中毒状况。

（七）热水器/烟雾报警器/二氧化碳检测器达标陈述

加利福尼亚州法律规定，所有现有和新装的热水器必须用两条铁皮固定在墙上，以防地震时倒塌。此法律还规定凡是1986年以后卖掉的住宅和工厂必须装有烟雾报警器，很多地区规定每个房间都要装一个。二氧化碳检测器也是必须安装的。

（八）卖方非外国人确认/加利福尼亚州预扣押金

美国联邦及加州法律要求，根据卖方的身份和产权类别，物业在出售时，政府将对出售所得预扣一定比例的押金，无论是赔还是赚。这笔押金在投资人报税时多退少补。

至于这笔押金缴多少、何时缴，卖方要请会计师咨询。一般来讲，联邦政府预扣房价的10%，州政府还要扣。如果卖方是加利福尼亚州居民，而这栋出售的房子在过去5年之间你曾居住过2年以上，则夫妇双方卖房所得的50万美元是免税的（单身25万）。这个优惠也适合具有外国身份的投资者。

（九）市场状况/投标报价/房屋状况忠告

房地产市场价格是周期性的，有时起伏很大。房地产经纪人既不能担保市场的高低也不能替客人决定何时买卖。为此特提出忠告如下：

1. 投标价格和市场合理价格。提醒买方在报价到竞争时，要理性。

2. 财务及房屋估价风险。贷款买房时，贷款银行要来对房子进行估价。如果报价超出银行估价，超出部分则由买方负担。

3. 不含反悔期的报价。在美国买房合同里，都有一个反悔期条款，即在合同成交后的一段时间内，买方可以有理由退出合同而不受罚款。如果为了拿到房子，给卖方提供更好的条件，买方可能会报一个不含反悔期的报价。

4. 合同的条件。这种合同如果卖方接受了，买方就没有后路可退。

5. 房屋状况。如果买方报出无条件报价，则在报价之前一定要仔细了解房子状况，避免意外发生。

（十）加利福尼亚州对买卖双方的忠告

这个文件共有10页44条，主要是提醒买方需要注意的问题，涉及房子的各个方面。因文件太长，故不逐条列举。一句话，买方在买房子时一定要自己看清楚房子状况，了解涉及到房子的所有问题，一旦发现问题，就应该进行调查了解，直到自己满意为止。

七、产权过户中介公司和产权保险公司

产权过户中介公司和产权保险公司是独立于买卖双方之外的第三者。他们有时候是一个公司，有时候是两个分开的独立公司。在加利福尼亚州南部，他们是两个独立的机构，北部是同一个机构。

（一）产权过户中介公司的作用

1. 管理同本交易有关的所有文件，处理文书；

2. 管理买方上缴的合同定金；

3. 按合同分配买卖双方的资金，如收到买方的款项后，扣除有关费用，支付给卖方；

4. 监督执行买卖双方达成的协议；

5. 执行贷款公司的指示；

6. 做出过户时买卖双方最终账单，分清费用，包括房地产税；

7. 分配代理公司所得的佣金；

8. 接收贷款公司的贷款文件，并安排买方签字；

9. 接收现金买主汇来的款项（电汇）；

10. 接收贷款买主汇来的头款（银行本票或电汇）；

11. 公正买卖双方签字；

12. 办理授权书。如有一方或双方均不能在美国签字，可授权人代签。如，在美国买完房子成交后回国，最后的过户手续签字有两个途径：其一，在过户中介公司办理授权书，委托你的朋友或亲戚代你签字。其二，如果真找不到合适的人代签，你可以回国，最后过户手续可以到国内美国驻华使馆签。程序是美国的过户中介公司把文件寄到美国驻中国使馆或领事馆，使馆收到文件后通知买方，买方前往签字即可；

13. 确定买方拥有财产的方式；

14. 确定买方已为房子买了保险；

15. 进行产权转移的注册和换名，然后通知经纪人，产权交易完毕。

产权过户公司的选择不是固定的，买卖双方都可以选择任何一家公司，只要双方同意。

产权保险公司是担保产权可能出现的状况。汽车 / 房屋保险是担保将来可能发生的事情，而产权保险公司所担保的是过去可能发生的事情，有时可以追溯到百年以前。美国的每个县都有这种数据库，而屋主的产权和纠纷一旦出现，这些情况就会立即记录到屋主的产权报告中。在产权过户之前，保险公司的专业人员会用大量时间调查卖主房产的历史，各种债务和法律纠纷情况，以便新屋主在拥有产权时，尽量使产权清楚而避免纠纷。

与普通灾害保险不一样的是，产权保险是一次性的，仅在过户时支付一次；而灾害险每年或每月都要定期支付。

（二）产权保险公司的主要职责

产权保险公司的主要职责是对下列状况提供担保：

1. 卖方是否为真正的屋主；

2. 卖方是否破产或房子处于被没收阶段；

3. 卖方所负债务情况；

4. 卖方支付房地产税情况；

5. 是否有人限制你对土地的使用权；

6. 房子的产权是否清楚，有多少人拥有；

7. 拆除违章建筑；

8. 提供土地地形图和边界尺寸；

9. 是否有提供给别人用的土地通行权及位置（如水电公司有权进后院查线路）；

10. 产权在多次转换中的欺诈行为；

11. 因卖主的婚姻状况所出现的产权纠纷；

12. 未成年人对房产的签字；

13. 已经失效的被授权人的签字；

14. 同名同姓者在房契上的签字；

15. 遗嘱执行后出生的孩子可能拥有部分产权；

16. 继承人转换房产可能会涉及联邦税务的支付；

17. 错误过世者复生后对产权提出的要求；

18. 因判决失误造成的产权无效；

19. 过户换名时可能出现的错误；

20. 被强迫或由造假产生的房契；

21. 担保人在破产期间签署的无效房契。

产权纠纷在近30年来出现上升趋势，因此，对于产权上可能出现的问题，是不可以掉以轻心的。

（三）购买产权保险的好处

1. 如果因产权纠纷引起法律诉讼，产权保险公司会支付由此而产生的法律诉讼费；

2. 若出现产权纠纷，产权保险公司会支付因此而产生的损失；

3. 屋主在出售房产时会节省交易时间。若产权不清但又无保险，保险公司会用大量时间进行调查；

4. 保住自己的房产。

买产权保险的费用在不同的县有不同的规定，有的县要求卖方支付，有的要买方支付，就看你要买的房子在什么地方。细节问题可具体咨询产权保险公司。

八、屋主产权的拥有方式

房子在过户之前，过户中介公司会问买方以何种方式拥有产权。它的重要性在于，不同的产权拥有形式会对屋主的税收和遗产分配产生重大影响。“加利福尼亚州土地产权协会”忠告所有购房者对采用何种形式拥有产权，进行认真考虑，并在必要时咨询相关的律师。

由于行业范围限制，房地产经纪人对此只能做简单介绍，而不能做更多的解释。

1. 独占财产（Sole Ownership）：可以用于未婚单身人士，也可用于已婚人士。如是已婚状况，配偶必须签署放弃产权文件，同意另一方作为产权的唯一拥有人。

2. 内部合伙人独占财产（A Domestic Partner as His/Her Sole and Separate Property）：合伙人一方必须签署放弃产权文件，同意另一方作为产权的唯一拥有人。

3. 集体公有财产（Community Property）：夫妇双方或内部合伙人如果没有特别指定何种方式，便被假定为采用“集体公有财产”方式拥有，所有相关人士均要在过户文件上签字，大家所占比例均等，但每人又可单独按遗嘱处理自己那部分产权。这是加利福尼亚州的惯例。

4. 集体共有幸存财产（Community Property with Right of Survirorship）：这种方式只适用于夫妇之间，不但具备了上述第三种所描述的方式，它的另一好处是如有一方过世，其财产拥有权便自动消失，幸存一方接受所有财产。

5. 联合共有财产（Joint Tenancy）：是由两个人以上，已婚或未婚，或内部合伙人所拥有财产的方式，所占比例均等，必须同时签署。如有一方过世，其财产便经法律形式自动转让给幸存方。所以联合共有财产不能按遗嘱分配。

6. 共同拥有财产（Tenancy in Common）：财产由两人以上拥有，但每个人所占比例可以不同，拥有的时间可以不一样，每人所占部分也不可分割。经营财产按比例盈亏，但每人所占部分可以出售、出租，或立遗嘱转给后代。①

读者若想进一步了解详情，务必咨询专业律师。

九、房屋买卖成本估算

在美国买房，买方的开销很小，仅仅是些手续费等杂项。这些费用有两种，一种是一次性的，在产权过户时支付，包括：

1. 贷款银行收的对房子的估价费，约 300 美元；
2. 查信用报告费，约 50 美元；
3. 贷款手续费，约是贷款金额的 0.5%；如果用现金购买，则只需过户手续费，约是房价的 0.5%；
4. 文书、公证、邮寄、电汇，约 0.1%；
5. 物业转换费，约成交价的 0.03%，根据房子所在县和城市不同，有的城市和县没有此项费用；
6. 有的州要付律师费。

卖房的佣金是卖主出的，买方不出此项费用。卖方出售房子的费用如下：

1. 卖房佣金，约为成交价的 5%；
2. 物业转换费，约为成交价的 0.03%；
3. 过户手续费，约为成交价的 0.5%；
4. 房屋检查费，约 1000 美元；
5. 有的州有律师费。

另一种是要重复支付的费用，可以说是每年的固定开支：

1. 房屋保险费（约 500 美元 / 年）

---

① Fidelity National Title Co.

2. 房地产税（每个州、县都不一样。加利福尼亚州大部分县的房地产税不超过房价的 1.5%。）

3. 月付贷款（现金购买者免去此项）。

十、房子的税务问题

美国房地产行业对经纪人的业务范围限制很严，经纪人只能对客人进行房地产方面的解释，而不能对财务、税务和法律问题进行解答。如果有这方面的问题，我们建议客人咨询相关的律师。尽管如此，经纪人还是会经常碰到很多客人问这方面的问题。为此，经济人只能做一般常识性的介绍，而不是对这些问题进行解答。

（一）买房是否要交税

对于这个问题，美国的每个州有不同的规定。在东岸的纽约，物业转换费通常由卖方出。如果你是买方，就不用出这个费用。在西岸的加利福尼亚州，每个县和城市也有不同。北加州大多数的县对卖方征收合同金额 0.11‰ 的物业转换费。个别城市有城市物业转换费，大概是合同成交额的 0.03%左右，有的是卖方出，有的是买方出，还有买卖双方各出一半，这取决于房子买在何处。

（二）卖房是否要交税

美国的“外国投资者预扣税法”是美国联邦税法，目的是杜绝外国人、非永久居民和外国企业在出售房地产时偷税漏税。根据规定，任何买主要从外国籍的卖主手中买房，就必须从合同成交额中预扣 10%的税，并且还要在成交后的 20 天之内，把这笔税金上缴美国联邦税务局，否则，罚款可高达一万美元。具体做法可以咨询产权过户中介公司，他们也可提供相应的表格供买卖双方填写。详情可咨询专业税务人员。如果卖主是美国居民或有长期居住权的人，情况就不一样了。如果你卖的是自住房，并且在5年之内在此房中住过两年以上，那么你卖房所得的50万美元利润是免税的（夫妇双方）；如果是单身，则25万美元免税，超过部分才要交增值税。这种税收优惠不适用投资房、度假房和多单元房。

（三）房地产税

房地产税是屋主每年都要上交给税务局的税金，绝对跑不掉。但是全美国各个州和县的征收比例不一样。加里福尼亚州的很多县，征收房价的1.25%，一年分两次交。这个税收是永远的，只要你拥有这个房子，房地产税就要永远交上去。其他州有的收1.5%或2%不等。另外，如果你的房子增加面积或重建，政府要重新估价，然后重新上税。

（四）所得税

外国人在美国出租自己的房产，税务部门要预扣毛收入的30%作为税收。如果想避免这项预扣税，要在税务局申请一个报税号码，就收租所得报税。如果报税额低于预扣税，那么税务局将会给你退税。具体细节可咨询专业会计师。

当然，除了上缴所得税以外，税务局还列出了一些项目可以帮助减税，如：为出租房子做的广告、打扫卫生等维护费、为出租房子支付的佣金、房子折旧、社会管理费、保险费、贷款利息、房地产税、房屋检查及打虫费、设备租赁费、修理费、水电煤气费、园丁费、文具纸张笔墨等开支、为处理房子事情的旅行、旅馆吃住开支。

美国的税务部门非常厉害而且铁面无私。我建议所有在美国投资出租房的外籍人，就出租所得如实向税务局申报，万不可隐瞒收入，一旦被审计发现确实有偷税情况，后果不堪设想。况且，普通房的租金大多在每月2000～3000美元左右，年收入不过三四万美元，如果为几万美元被受到审计而遭到罚款，是很不值得的。

十一、用现金买房汇款的问题

美国的外汇管制非常宽松，境外进来的钱，只要是渠道合法，都很容易汇来。其程序如下：

1. 买卖双方合同成交；

2. 本交易已经在产权过户中介公司开了户（一般卖方都以做好）；

3. 过户中介公司签字（title company or escrow company）；

4. 如果人不在美国，可以通过传真或电子邮件签。美国房地产交易的文件一般没有要求一定要原件，最后只有一个身份确认文件需要原件，该文件要快递来美国。有的产权中介公司会要求买方到美国驻华使馆签字。如果这样，美国的过户中介公司会把所有文件发给美国使馆，美国使馆收到后通知买方来签；

5. 上述文件作完后，拿到过户费用估算账单；

6. 拿到过户中介公司发给的电汇收款账户（这个收款人就是产权过户中介公司。如果是银行的房子，收款人就是卖房的银行）；

7. 拿着前两项文件到国内有国际汇兑业务的银行按美元金额汇款。如有外汇管制，每人一次只能汇 5 万的话，就要想办法了；

8. 过户中介公司或银行收到款项后便会到县里办理换名注册手续；

9. 换名注册以后，过户立即完成，产权中介公司会通知经纪人拿钥匙，交易完毕。

第五章

租房交易程序

加利福尼亚州的房屋出租市场一直都不错，尤其是近几年。由于贷款条件的提高，很多原来可以买到房子的买主现在已经贷不到款，只有租房住。还有很多人因为卖掉了房子或房子被银行没收，必须租房。另外有些临时到硅谷工作的人，以及刚到美国的新移民也要租房。

一、租房交易程序

美国的法律健全，各行各业都有自己的规矩，出租房子也不例外。由于历史原因，种族问题和各州的法律差异，涉及出租房子的问题很多，合同种类也很多。因此有多处房产的房东一般会把房子的出租和管理委托给专业管理公司。当然，如果房东住在本地，出租的房子也就一两栋，如果有时间的话房东一般也会自己来管。但在租房法律复杂的纽约和旧金山，为了省去一些麻烦，很多房东都委托管理公司来管。

租房的交易程序如下：

1. 房东同租客签订合同；

2. 租客上缴定金（金额是一个月的房租，此定金不能作为最后一个月的租金付款）；

3. 房东调查租客的信用史（租客为此支付 50 美元的调查费）；

4. 房东根据租客填写的以前房东的联系方式，调查租客信誉；

5. 租客入住前，房东同租客一起对房子进行状况确认，记录已经存在的问题；

6. 如果双方满意，房东即可交钥匙给租客入住；

7. 如果房东因故要进出该房，要同租客预约，不可擅自出入；

8. 合同到期，租客搬出后，双方还要对房子进行状况确认，签字认可；

9. 如因租客对房屋造成损害，房东将扣下押金进行修补；

10. 在规定的时间内，房东应当退回应退的押金，交易完毕。

二、房产公司的租房服务范围

为了满足投资者的需求，让投资者买房后在出租和管理上没有后顾之忧，有专业房地产管理公司对出租房产进行管理。还有的房产公司就是为了这项业务而专门成立的，由经验丰富的房地产专业人员和维修团队组成，一般服务内容如下：

（一）招揽租客

管理公司同房东签订出租合同，把出租信息登录房地产专业服务系统（Multiple Listing Services）和相关专业网站进行推销。房东委托管理公司出租房屋的合同内容大致如下：

1. 房屋类型。有独立别墅、连体别墅、单元公寓等。

2. 租期。注明委托租房公司代管的起止日。如有一方提出终止合同，应提前 30 天通知对方。

3. 管理公司的责任。

（1）管理公司可以“屋主委托公司”的名义同租客签订租房合同，收取订金、罚金，雇人维修，安装烟雾和一氧化碳报警器等；

（2）给屋主提供报告。管理公司应保存所有文件和收据，并定期给屋主提供年度管理报告；

（3）逐客令。对违反合约的租客，管理公司将代表屋主聘请律师对租客下达逐客令，屋主支付费用。

4. 屋主的责任。

（1）提供足够的房屋保险和储备金。屋主购买的保险应包括火险和管理公司的责任险。储备金用来支付小额维修费用；

（2）提供房屋所有涉及健康和安全居住的信息；

（3）屋主免除管理公司的责任有：个人伤害和财产损失；因屋主隐瞒事实造成责任分歧而产生的法律纠纷；因合同产生的所有法律诉讼。

5. 管理费。每月 10 号以前，屋主应向管理公司支付租金 6%的管理费。

6. 违约的解决方法。如有一方违约，另一方将书面通知违约方在一定时间内（如几天）执行合同，否则，此纠纷将提交调解员进行调解。如果调解仍不能解决问题，纠纷将通过仲裁进行解决。

（二）审核租客资格

首先让租客填写申请表格。申请表是一个两页纸的标准文件，内容很详细，涉及租客的所有情况：申请人的法律全名、身份证号、所有联系电话、车牌号、紧急情况联系人、居住历史及原屋主联系方式、就业单位、工作职位、公司领导姓名电话、年收入、银行账户、朋友联系电话等。经济人一般是根据租客填写的情况进行筛选，并同就业单位、原房东打电话，确认租客的工作状况和租房信用史，为屋主把关。

（三）帮助房东同租客签署出租合同

在确定租客以后，房东同租客签订出租合同，并收取定金。美国的房屋出租合同五花八门，有繁有简，条款也都差不多。同介绍购房合同内容一样，这里只进行普通介绍：

1. 屋主姓名、租客姓名、房子地址。

2. 租房期限：可以选择按月租或按年租。

3. 租金：收款人姓名、地址、电话、收款方式。

4. 定金：加利福尼亚州的习惯是租客交一个月的租金作为定金。此定金不可以作为最后一个月的租金。此定金在租客搬出，屋主检查房子无误后，退还租客，不含利息。如有损坏，修理费将从定金扣除。

5. 入住开支和已收款项：此项列出了已收 / 未收 / 总额数字。

6. 迟付罚款及跳票：租客一般应在每月头 5 天内将租金付给屋主，如有延迟和跳票情况发生，屋主将根据实际情况进行罚款。

7. 停车位：户内 / 户外 / 收费与否。

8. 仓储：仓储位置 / 收费与否。

9. 水电垃圾费：由租客付款，社区管理费协商。

10. 房屋状况：入住前，屋主同租客将进行一次检查，记录房子各种状况备忘。

11. 房屋维护：租客有责任对房子的各个方面进行维护，保证房子始终保持清洁、卫生。双方约定庭院 / 花草 / 树木的维护由谁负责。

12. 环境状况：租客应确认能够接受周边的生活环境，包括交通、学校、犯罪率、设施、文化、宗教等。

13. 宠物：无屋主书面许可，房内不可饲养宠物。

14. 规章制度：租客应严格遵守屋主订立的规章制度。

15. 社区：租客应严格遵守社区的规章制度。

16. 修理和改动：不经屋主书面许可，租客不许对房子进行任何粉刷、装天线、贴墙纸、换锁等行为。

17. 锁和钥匙：屋主将提供房屋和信箱钥匙。

18. 入房权：租客应让屋主有权进入房子进行必要的修理、检查等。

19. 广告：租客应允许屋主在售房时放置出售广告。

20. 转租：没有屋主许可，租客无权将房子转租给第三方。如果允许转租，现租客仍要对本合同负责。

21. 共同责任：如果租客不止一人，每个人都要为房子完全负责。

22. 含铅油漆：如果此房建于 1978 年以前，屋主应提供铅中毒文件。

23. 军事设施：就屋主所知，如 2 公里之内有军事设施的话，应当让租客知道。

24. 白蚁控制：如屋主需进行除虫，应通知租客。

25. 性侵犯者名单：租客可以从“www.meganslao.ca.gov”查询周边地区性侵犯者的纪录和住址。

26. 入住：如果本合同成交后约定天数内屋主仍然不能交屋，租客有权取消本合同。

27. 租客退房时的责任：租约到期时，租客应退还屋主所有钥匙，将房子恢复原样。增加的固定资产归屋主所有。屋主应同租客一起进行房屋检查，记录应修理部分。

28. 违约及提前终止：如果租客提前终止合同，租客应付合同全部金额，管理费、清理费等。

29. 临时离开：如房子需要修理或打虫，租客应同意临时离开数天，租金按天数退回。

30. 房子损坏：如非租客原因房子遭到破坏而不能居住，双方均可以中止合同或屋主立即修理。

31. 保险：租客的所有物品应进行保险，并避免损坏房子造成屋主保费的提高。

32. 水床：租客不允许使用水床。

33. 让步：屋主在某一件事情上的让步不能认为以后的所有相同或不相同的其他事情都做同样的让步。

34. 被告通知：屋主和租客需提供各自的收件地址，一旦出现法律纠纷，将据此地址寄送传票。

35. 租金证明：屋主用房子办抵押贷款时，让租客填写的租金证明应在 3 天内还给屋主。

36. 租客信誉：租客在申请表上填写的所有信息应当是准确的。租客授权屋主在合同期间随时审查租客的信用状况。屋主如发现有欺骗行为，将会终止本合同，并将租客的行为上报信用局。

37. 调解：双方出现纠纷时，先进行调解，调解费用双方平摊。如有一方未经调解而直接禀告法院，即便他胜诉，败诉方也不必为此支付费用。

38. 律师费：如有本合同之外的法律纠纷，败诉方将支付律师费。

39. 加利福尼亚州通用合同：此处是指本合同，也可用其他类似合同。

40. 相关补充文件。

41. 合同更改：本合同是双方对同意事项最终和完整的描述。合同的任何改动须经双方同意。

42. 代理关系：如有经纪人，双方经纪人须签字。

43. 租客所付佣金：合同成交后，租客应按合同向经纪人支付佣金。

44. 翻译：合同中应写明其被翻译成的文种。双方确认已收到译文文本。

45. 外语协商：如果本合同用西班牙语协商，按加利福尼亚州民法，租客已配备西班牙语翻译。

46. 担保人：如租客没有适当工作和信用史，租客可以找担保人。担保人承担租客的所有责任。

47. 屋主支付佣金：这是屋主同其经纪人之间的协议。

48. 收据：屋主 / 租客 / 经纪人签字，收到合同文本。

（四）配合租客进行房子状况确认并记录入档。

（五）如有租客拖延付款或欠款，管理公司将介入催款。

（六）对租客提出的问题和项目进行解答和安排修理。

（七）对租客违规行为进行干预。

（八）对房子进行定期检查和维修（给房东提出建议，由房东进行预算审批）。

（九）处理租客搬出后定金回收等相关事宜。

三、出租房收益计算方法

如果你买下的房子想要出租，就要考虑收益。价格与收益率之比，或 P/E 比率，常用来评估股票的相对价值，在这里就是：收益率等于房价除以净收入（减去费用，包括维修和物业税等）。这个公式是：

$$收益率=\frac{房价}{年租金净收入}$$

此比例越低越好。

价格租金比率是房价除以月租金乘以 12 个月：它显示出屋主每收入一个美元的租金所付出的成本。

$$价格租金比率=\frac{房价}{月租金\times 12}$$

出租毛收益率是月租金乘以 12 个月，再除以房价乘以 100%：

$$出租收益率=\frac{月租金\times 12}{房价}\times 100\%$$

如房价为 50 万美元，月租金为 2000 美元 ×12 个月，则收益率为 4.8%；

如房价为 40 万美元，月租金为 1800 美元 ×12 个月，则收益率为 5.4%。

四、租客的权益和义务

在美国租别人的房子住，有很多细节需要注意。由于生活背景的不同，语言文化差别很大，很多在国内看来很小的事情在美国也许就是大事，有时还可能牵涉到法律问题。

（一）任何人都可以在美国租房子，房东绝对不可以因为你的种族、肤色、年龄、性别、婚姻状况、国籍、宗教信仰、身份等而拒绝你的申请，这是美国的法律。如果你发现房东有嫌疑涉及这方面的行为和言论，你可以上告。

（二）所有的租房合同一定要写下来，凭口头协议租房是行不通的。既然要写下来，租客就要把合同看清楚，了解合同内容，了解自己的权益和义务。入住之前，租客一定要同屋主一起记录下来房内的所有家具和设备，都有什么、状况如何、还缺什么、能否正常使用、门窗是否有损坏、地面墙壁有否破裂、上下水、电路是否正常等等。就是说，入住前要把屋内屋外所有的地方看清楚并记录下来，双方都留一个备份。

（三）入住以后，如果有地方出现问题，比如漏水、电路不通等，一般不要自己动手。即便你会干，也不要去干，免得出现纠纷。我们中国人有时候容易出好心替别人做事，但在美国，你认为的好事可能会引起法律纠纷。如电灯不亮有问题，你去修理，但不知怎么搞得整个房子的电路全坏了，这时候就说不清了。屋主可能会拿你是问，问你是不是电工，即便你是，你是否有执照。如果都不是，那你为什么随便动电路，为什么不打电话叫房东等等。如果房东让你赔，恐怕你很难走掉。所以，如果你住的房子出现问题，一定打电话找房东来解决，千万不要自己动手修理。

（四）如果你住的地方是公寓楼，或是有统一管理的社区，你的生活习惯就应当更加注意。首先你不能大声讲话，保持生活环境的安静是最基本的公德；其次，你不能在阳台上晒东西、晾衣服。如果被管理人员看见，他们肯定会来干涉。第三，你不能动社区里的一草一木，如果有果树，你也不能去摘果子。若想摘，要通过社区管理部门的同意。第四，你不能对房子进行任何改动，包括颜色。如果你随便乱动，那你搬出时，房东肯定让你恢复原状。

（五）一旦你住进以后，这房子就等于是你的了，房东和任何人没有你的允许就不能入内。即便是来修理东西也一样，一般是提前24小时通知。

（六）如果房东因故让你搬家，一般来讲，如果你在此房居住已经超过一年，房东要提前60天通知你搬家，如果你住此不到一年，屋主必须提前30天通知你搬。如果下述条件全部满足，房东可以给30天的通知：

1. 房子已经上市卖，并已经在过户中介公司开户。
2. 房子已经成交进入合同。
3. 此房必须是以单独住宅房，而不是两单元、三单元或多单元。
4. 买方的人必须是自然人，而不是公司。
5. 买方计划在房子里住至少一年以上。
6. 此前房东没有发过任何让租客搬家的通知。[①]

（七）注意生活习惯要调整。美国的厨房和卫生间都很干净，厨房从来见不到油烟，卫生间绝对没有味道。所以在美国租别人的房子做饭时千万不要爆炒，即便是有抽油烟机也不要爆炒，因为油烟太大会污染到整个房子。如果搬走前屋主见到橱柜和天花板有油烟，他肯定会扣押金用来清理。卫生间也一样，如果不干净，有味道，你的定金恐怕是不可能全部收回了。

如果租的是独立住宅，那么草坪、花园、前后院一定要保持良好状况，不然，轻者屋主扣你的定金，重者屋主会把你告上法庭。

（八）在搬家时，一定注意不要把任何东西搞坏，否则房东会扣你的定金用来修理。如果你在墙上钉钉挂照片，离开时一定要把所有的钉眼补好。总之，搬家后要把房子恢复原状，然后和房东一起做一次检查，双方作个记录，以求把定金收回。

① Cal. Civ. Code 1946.1（d）.

第六章

硅谷房地产的特殊性

就全美国房地产平均价格来讲，硅谷的房价高出很多，除了季节性的价格调整外，长期来讲，硅谷的房地产仍将会呈现一直上涨的趋势。这很令人费解。买得起的人都会动手买，买不起的人或者不买，或者观望，还有的人有意唱衰，或者干脆搬离硅谷。走不了又买不起的人就只有租了。

一、关于硅谷的高房价

（一）硅谷土地极为缺乏。整个硅谷处于一个大约宽 30 公里长 50 公里的狭长盆地里。盆地北部是旧金山及其半岛和海湾，西边是太平洋，南边是山，东边也是山。

一百多年以前这片土地在刚开始规划和开发时，美国别的州是按英亩（1 英亩约等于 6 市亩，约 4000 平方米）来规划一个宅基地的，很多地方允许一个人有好几亩地来盖一栋房。而非常有远见的硅谷地区的规划者当时就已经意识到，这个目前看来还算广阔的果园和农田在若干年后肯定非常拥挤。因此这里 99% 以上的独立住宅用地只规划了平均约 550 平方米，较大的不过是 750 平方米左右，按英亩来算的宅基地少之又少。越靠近旧金山，地越小，等进到金融中心区，就没地了，大家全住在高层公寓里。

因此，大面积的、以数百栋来计算的新社区开发根本没有，而且永远不会有。目前市场上出售的房子 99%都是旧房、二手房，而且房子的数量永远不会大幅增加，因为允许盖房的土地几十年前就已饱和。

第一任屋主在 50 年前用 2 万美元买下的一栋 150 平方米的独立住宅，现在的价值约 100 万。那么这栋房子在 50 年以后的价值是多少呢？这里指的是旧金山地区和硅谷一带中档社区，好学区的房子。

人口不断增长，经济在发展，通货膨胀也在持续，而土地则不断减少。同一块养活 50 万人的土地在几十年后将要负担 80 万甚至 100 万的人口。这块土地的价值是增还是减是不言而喻的。

有人说在硅谷还可以见到一些空地和废弃的工业用地，可以用来盖房。硅谷是有这样的情况，但是这里有几个问题：首先，大家所见到的那些土地并不多，跟硅谷以外的广大区域来比，那只算是个边角地，而且大都是原来不会用来盖房的地，如靠高速公路、靠工业区等；其次，要把工厂区用地改成住宅用地是一个涉及到政府有关政策、相当复杂的转换；第三，已经规划好的宅基地尺寸，绝对不可再分成几个小块，因为美国有一个非常严格的房地产政策，称为“区域规划”。区域规划严格到几乎是不可能改变的程度，例如，如果某片土地规划为商业 / 零售业用地，那么这片土地绝不会允许开工厂。同样，工厂用地（又分轻工、重工、化工……非常详细）也绝不会让你来盖民用住宅。那么这个区域规划政策是否就是铁板一块呢？当然也不是，例外状况也是有的，极少。那这又是为什么呢？

强硬的区域规划政策保证了居民的生活质量，稳定了政府税收和房屋市场价格，从而稳定了经济和社会。设想：某一高档社区规划负担 1 万人口，有 3 千块宅基地用于盖独立住宅，而且最高只能盖两层。与之相配套的设施也是这么规划的，供水供电、道路通讯、照明排污、服务网点、学校等。社区建好后，每栋别墅的价格设为 100 万美元。这么漂亮的社区谁都想来住。几年后，设想如果没有区域规划控制：原来 3 千栋房子的地上多盖了一倍，变成了 6 千栋，两层的别墅被任意加高到 6 层，1 万人口的社区变成了 8 万。结果是供水上不去、下水道不通、电不够用、学校爆满、道路堵塞、人满为患……房价从 100 万跌到 10 万，好端端的社区就会变成一个大杂院。

（二）市场稳定。在硅谷买房的人基本上都是自住的，很少人在这里炒房子，因为价格高，投资大，成本高。在硅谷用 100 万美元买一栋不如到其他州买上五栋，甚至更多。因此，如果价格低，市场不好，屋主可以选择不卖，等几年市场好了再说。所以硅谷的房地产市场从来也没有出现过竞相抛售房屋的情况，况且，这里的房子始终供不应求。

（三）供需不平衡。硅谷房子供需的失衡随着时间的推移将会越来越严重。2009年的人口统计数据显示，硅谷中心区的圣塔克拉拉县的人口为178万。我们设想这其中有0.5%（约8500）的人要买房子，这个比例可以说不高吧。但是2009年的时候上市房子的总数为5700栋，而2009年却是最近20年左右因经济危机造成房价大跌所造成的房子难卖而上市房子最多的时候。即便在这个时候，供货量都不能满足需求，那平时和房市上涨的时候呢？近20年来，市场上房子最少的时候是1999年，当时仅有675栋房子在市场上出售。而那正是抢房子最疯狂的时候。

二、硅谷房子的买方情况

在硅谷买房的确有压力，这个压力对各种价位的买主都是一样的。50万美元的独立住宅在硅谷是起步价。第一次买房的人大多由此开始。同样，500万美元豪宅的买主也很少人说一点压力没有。在硅谷买房的人大致情况如下：

1. 三口之家的家庭可支配收入在10万美元以上的。
2. 第二次买房的。这些人买得比较早，房子已升值，卖掉后可以作头付款，再买到更好的社区或学区。
3. 公司高层人士，专业人士，开公司的。
4. 投资人。

有客人问，这些人有多少，他们是否有足够的数量来支撑市场。说实话，到底有多少我们也不知道，但是我们知道人口的数量和上市房屋的数量。例如，硅谷所在地区人口为178万，该地区上市房子最多的时候是2008年7月，共有5700栋独立住宅。但请记住，那是由次级贷款引发的经济危机时期。因此，如果要让市场平衡，（按上述0.5%的人要买房子）我们也应该有8500栋房子在卖，才能满足要求。可惜的是这种情况从来也没有发生过，而且将来更不可能发生，因为，人口的自然增长不可能停止（先不说由世界各地进来的移民），进入买房市场的人口也在增长，但是土地不但不增长，反而在减少。

每个买主的情况不同，进入市场的时间也不同。买方处于各种原因暂时不买，并不意味着市场需求不存在。他们的购买活动处于休眠或推迟状态，但并没有消失。理由很简单，就硅谷的人口，人均收入和上市房屋数量比例的失调情况来看，说硅谷的房子没人要，并不符合硅谷的现实。而硅谷的现实情况是，即便是在房价最低的 2008 年，硅谷仍然有抢房的情况出现。但此时的抢房同市场高涨时的抢房不一样。那时候每个买主报价都比要价高，但最近几年抢房报的价格，经常出现都比要价还低。这很能说明硅谷的房地产状况。

三、关于硅谷的外包业务

随着硅谷经营成本的不断提高，近几年来很多公司开始将其生产和服务部门转移到海外去，大部分转到了亚洲国家。

很多尚未买房的人看到此情况认为，硅谷的房价要跌了，原因是大部分人的工资收入已经支撑不了房价，随着业务外包，很多人还会失业，所以房价必跌无疑。

持这种看法的人需要考虑下列问题：

1. 是什么样的公司在做外包业务；
2. 这些公司为什么需要外包；
3. 外包产生的利润到哪里去了；
4. 公司本部和核心部门位于何处。

当今世界上任何一个有科技含量的产品都不可能是百分之百的在本国制造，如汽车、手机、电子产品等。因此业务外包既不是硅谷的特有现象，也不是最近刚开始的，而是一种正常的经营方式。这些有外包业务的公司和企业大部分是资金技术力量雄厚的高科技公司，他们把部分业务转移国外的目的是为了降低成本，获取更多的利润，增强竞争力。而这些外包所得利润或返回美国，或继续用于海外业务扩充。但是他们的总部、高层管理、财务、研发，甚至市场推销部门，仍然留在了美国，留在了硅谷。

在这种情况下：

1. 从公司的角度讲，公司不但得以生存，还使业务得到扩大，扩大的业务又创造了新的就业机会甚至开辟了新的产业，公司经营进入一种理想的良性循环状况。

2. 从公司老板的角度讲，硅谷的高科技公司老板大都住在硅谷，这些世界巨头在此已经形成了自己的体系。由于相互依存的业务关系，他们都集中在几个顶级城镇里，有事情随时可以会面。找钱、找人、找技术、找新的生意，硅谷是世界上独一无二的地方，因此，这些老板不会到别处去。老板不走，公司的根也就留住了，况且，坐在家里就可以进行远程经营，管理海外。

3. 从个人角度讲，受雇于上述部门的人员很多都是公司的高层，自然也是高收入的一个群体，他们是买房族的主力。所以，在硅谷买房子并不是每个人的愿望都可使实现的。

四、如何在硅谷买房

“需求是购买的动力”。如果你需要买房，你一定要非常了解硅谷房地产市场的特殊性，而不可以用全美国的或别的地方的情况来分析硅谷。

（一）不要听信所谓的各种经济学家发表的言论，他们说涨也好，跌也好，听听而已

原因很简单：他们不在硅谷，再具体些，他们既不在硅谷生活，也不在硅谷买房，更不在硅谷做房地产。芝加哥大学曾经获诺贝尔奖金的经济学家可以在他的研究成果中列出各种分析数据和图表，来证明硅谷的房价会像美国其他地方一样，随泡沫的崩裂而垮下，因为这里的房价是别处的好几倍。可惜事实却是，全美国平均跌了 50%，有的地方更多，而硅谷最低时仅跌了 15%，那是 2008 年 5 月。更不要相信网上的各种传言和所谓的分析、判断。要想真正了解行情，最可靠的信息是让你的房地产经纪人把最近半年的房屋售价打印出来给你看。再说，波士顿也好，西雅图也好，那些地方跟硅谷没有任何关系。

（二）如果准备好了，情况了解差不多了，就赶快下手，因为硅谷的房子从来都是供不应求的

贷款利息已经提高，从原来4.5%到了5.25%，当然，即便是到6%也还算是低利率。这就是一个很明确的信号，即美国的经济情况正在好转。实际上，全美国低端房屋市场从2009年就已开始回升，目前已经比低谷时回升了15%。银行拍卖房屋市场更是如此，在很多时候，不加钱还真买不到。如果你想在这种情款下，再砍价10%来买房子，那几乎是没有机会的。降价出售的状况不一定每个买主都能碰上。

（三）不要嫌弃硅谷的房子太旧，因为如前所说，这里没有大面积的土地盖新房

正是因为硅谷的房子旧，真正值钱的才是地，而不是房子。如果想住新房，那就先买下来，以后再装修或扩建。如果还不满意，干脆推倒重建。这样做的好处是既住上了自己满意的房子，又少付了房地产税。但如果你考虑不到这些因素，一心只想买栋理想的房子，恐怕你的愿望会落空，因为你买的旧房是原来屋主的，并不是为你盖的。即便是买一栋别人新盖的，肯定还会有不满意的地方。

美国房地产最差的时候已经过去，硅谷更是。现在不买，更待何时？

硅谷的房价长远看是不会跌的，前几年的金融危机再一次验证了硅谷的实力和抗压力。那些对硅谷房地产唱衰的经济学家或预言家的分析和预言都是靠不住的。而经过金融风暴洗礼的硅谷正在吸引着更多的人才和顶尖技术，向着更高端的领域阔步前进。

第七章

炒房热点和注意事项

虽然全美国各地的房地产价格差别很大，但就总体来讲2010年基本上可以说是探底的一年。原因如下：

第一，从2007年以来累计下来的，被银行没收或者是上市短售房子的高峰期已经过去。2007年和2008年当市场上出现大量短售和被银行拍卖的房子的时候，大部分人还没有意识到那正是投资的最佳时期。从大众的角度来讲，市场的恐慌对所有人都有很大的心理压力，大家最担心的就是自己的就业和经济状况是否稳定，能否有足够的财力支持度过危机，如何节减开支和保住资产，而不是想如何花钱进行投资。而恰恰就是在这个时候，市场上的房子最多，最容易谈价钱，也最容易买。但是大市不好，前景不明，很少人有这个判断力和胆量进行投资。从投资公司的角度讲，虽然与大众有相同或类似的担心，但他们毕竟是专门研究投资的，他们凭着雄厚的财力和敏锐的分析力，在这最佳时期，对银行出售的房子和短售的房子进行大肆收购，成批购买。

曾经有这样一个客户，一次性购买五栋到十几栋，但出价都降30%以上。这种做法有时候会成交，但有时未必会成交。

第二，有眼光和和实力的个人投资者和投资公司的行动快而且准，成交量也大，因此对市场也有一定的影响和冲击。随着市场上银行屋和短售房子的成交额不断上升，供货量便开始逐渐下降。在经过了两年的市场恐慌之后，尤其是美国政府为了救市而颁布了相应的政策以后，市场开始趋于稳定。与此同时大众也对所谓短售和银行屋市场逐渐有了了解，也开始把目光转向银行屋和短售市场。虽然大众的投资行为比投资公司晚了半拍，但他们毕竟开始行动了，原因很简单，大家似乎都看到了曙光，看到了有利可图的市场。投资公司一直都在市场上运转，但是当大众的投资行为开始启动时，市场将会出现更大的变化，即房屋市场库存量开始下降，价格开始回升。

一、房价抄底地区（内华达州，佛罗里达州，加利福尼亚州）

（一）佛罗里达州，迈阿密地区，杰克森威尔。这些地方的房价已经跌过50%，有近万栋可以选择。

独立别墅，占地400平米，三房三浴，居住230平米，标价132万人民币

独立别墅，占地3800平米，四房两浴，居住200平米，标价65万人民币

（二）内华达州，赌城拉斯维加斯地区。这个地区的房价已经跌到建筑成本以下，有5000多栋可选择。

独立别墅，占地650平米，四房三浴，居住230平米，标价120万人民币

独立别墅，占地400平米，三房两浴，居住165平米，标价85万人民币

（三）加利福尼亚州首府，萨克拉门托地区。离旧金山1小时车程，房价已跌了60%，有2000多栋可选。

独立别墅，占地600平米，三房两浴，居住120平米，标价52万人民币

独立别墅，占地700平米，三房两浴，居住105平米，标价35万人民币

二、房价保值地区（纽约、曼哈顿、长岛，加利福尼亚州洛杉矶和旧金山部分地区）

（一）纽约，曼哈顿区，长岛一带

曼哈顿高档公寓，5 房四浴，居住 200 平米，标价 660 万人民币

曼哈顿高档公寓，八房八浴，居住 280 平米，标价 560 万人民币

（二）洛杉矶，圣马力诺一带，好学区

独立别墅，占地 500 平米，五房三浴，居住 240 平米，标价 670 万人民币

独立别墅，占地 700 平米，三房两浴，居住 150 平米，标价 620 万人民币

（三）旧金山，硅谷地区，斯坦福大学一带，好学区

独立别墅，占地 700 平米，三房两浴，居住 120 平米，标价 550 万人民币

独立别墅，占地 600 平米，五房三浴，居住 170 平米，标价 380 万人民币

三、“短售”（short sale）房屋市场

次级贷款人中有很多在买房时没有头款，而全部用银行贷的款。这些人如果出现失业或财务困难而失去付款能力时，就不得不将房子出售。如果房价涨了，卖掉房子的钱可以用来付清贷款，还有盈余。如果房价跌了，或贷款利息高了，就还不了这笔贷款。在这种情况下出售的房子便成为短售。对于贷款的人也是一样，比如屋主用 50 万买下房子，其中贷款 40 万，自付 10 万。由于房地产市场下跌 20 万，房子只值 30 万，卖掉后收回的 30 万，全部还给贷款银行后，还欠银行 10 万。

贷款银行在遇到这种情况时有几种选择，一是给贷款人调整贷款利息和还款时间，二是将房子上市短售，三是将房子拍卖。第一种选择的成功率不高，原因是贷款人的经济状况已经很差，大多根本没有能力支付，用调整利息减少月付款金额解决不了根本问题。（当然，通过减少月付款保住房子的也有。）在这种情况下，还不如采取第二种选择，将房子尽快上市出售。如果卖掉的话虽说有亏损，但还能收回

部分现金，不致于房子被银行收走，血本无归，甚至毁掉自己的信用史。如果银行同贷款人就降低月付之事达不成协议，或及便是短售，房子也卖不掉，银行最终还是要把房子收回。可是贷款银行是搞金融的，不是做房地产的，因此也就不想把房子收回而背上房子的包袱，这样会压上银行的大批资金而运转不灵。所以不到不得已时银行也不愿找麻烦把房子收回来，即使收回来也会马上拍卖。

短售的房子买卖周期很长。一般房屋交易周期为一个月，而短售房子需要三五个月或更长时间。原因很多，主要有：其一，在短售情况发生时，贷款银行需要短售协调机构立即提供完整的文件，而这些文件并不是马上可以得到的；其二，贷款银行的房产协调部门对卖房的亏损金额的审批权有限。如果金额超出权限，他们必须上报高层。这个过程会很长，因为在大批案件突然同时发生时，银行现有人员根本应付不了。所以很多买主在报价上缴以后很长时间内得不到任何消息，有的等不及就转向别的房子报价去了。在此期间，因为报价没有成交，原则上讲卖主还可以同任何有兴趣的买主谈，这就造成了同一个房子会收到好几个买主来买的情况。而卖房的经纪人如果把收到的报价不加取舍地全部上缴报给银行，这就成倍地增加了银行的工作量，造成严重的拖延。

在这种房屋的交易上，对买方来讲，买方可以买到低于市场价的房子，但会有些潜在的风险：

1. 成交的合同价格不一定会被贷款银行批准，房子几个月过不了户；

2. 可能会产生额外费用，如原屋主所欠房地产税、社区管理费等，有可能让新买主来付；

3. 最后成交可能会拖上几个月，这样可能会错过买其他房子的机会。

同样，对卖方来讲，这种类型房子的交易也会有些不利：

1. 欠款金额会被当作卖者的收入，从而为此赋税；

2. 在房子卖掉之前，被银行没收的程序也同时在进行；

3. 信用史将被调整，信用分数将会降低，而这种记录将会保留 7 年。此间如果再想贷款是不可能的。

四、银行赎回房屋产权和法院拍卖的程序（REO and Forclosure）

美国的房主大多都以贷款方式拥有房屋，然后每月向贷款银行付款。当借款人不能按贷款合约上的款额按时付款，或者不能按时上交房地产税时，贷款银行和税务局将委托有关机构以法律形式在不同时间段，以不同方式向代款人索回款项或收回房屋。此过程分 3 个阶段：

第一阶段，违约通知。

在贷款人连续数月不付款项时，贷款机关便会向贷款人发出书面通知，告诉贷款人此房开始进入产权赎回阶段。通知包括贷款人所欠款项及金额等详细情况。通知也将在 30 天之内发给所有贷款机构。在此之后的 60 天之内，贷款机构不会对屋主采取任何行动，此间，贷款人可以用还款方式进行补救，付清欠款、税务及相关罚款，赎回房子。如果贷款人没有在特定时间内还款（一般为 90 天），该房将以公开拍卖方式出售。

第二阶段，拍卖通知。

90 天以后，受托人将开始安排拍卖时间和地点，并将消息公布于众。该通知将在当地报纸上每星期公布一次，连续刊登三周。相同的消息也会刊登在市政府和法院的公告牌上。拍卖将在此后的 20 天之内进行，被拍卖房屋也将被查封，房屋所在地的政府部门也将对此事件进行纪录。

第三阶段，公开拍卖。

拍卖地点一般在当地法院。买主只能用现金购买，不接受贷款购买者。卖主在现场要出示现金支票或现金证据。出价最高者将获得房屋所有权。得标后，得标者不可反悔。如果出现行贿、擅自修改投标程序等行为，肇事者将被关进监狱，获刑一年。

如果拍卖现场未出现竞标者，此房将自动归贷款机构所有。银行随后有可能将此房再次推向市场通过正常渠道出售。

下面的图表显示了 2010 年加利福尼亚州被银行没收房子的数量。绿色表示屋主已接到没收通知的房子数量，蓝色表示已经安排拍卖房子的数量，红色表示已被银行没收的房子数量。

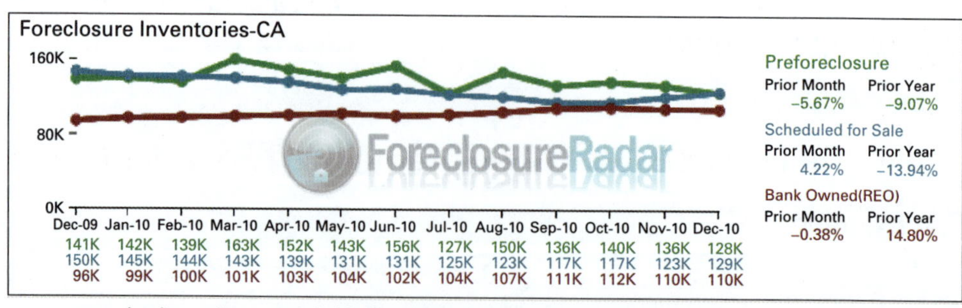

2009 年底，有 14 万多栋房子的屋主收到将被拍卖通知，15 万栋已安排拍

卖，9.6 万栋被卖掉。

2010 年底，有 13 万多栋房子的屋主收到将被拍卖通知，13 万栋已安排拍卖，11 万栋被卖掉。

据有关部门分析，今后几年还会有更多的房主出现推迟付款或违约现象。由于案件大量积压，有的屋主欠款达 12 个月之久，但房子尚未被拍卖。

五、短售房（Short Sale）和银行赎回房（Forclosure）的区别

如上所述，屋主卖掉房子后仍还不清贷款，还欠银行的钱，这就是短售。既然欠银行的钱，银行还得同意才行。但是在这种情况下，房产还在屋主手中，因此卖还是不卖仍由屋主说了算，银行只能决定亏多少，还不能决定卖不卖。买方要买还是跟屋主签合同。经过短售卖出的房子虽然对屋主的信用史和信用分数有影响，但是还不至于太坏。银行审批亏损的过程比较慢，会拖上几个月或半年。所以买短售的房子要有耐心。

如果房子经过短售还是卖不掉，屋主继续欠款不还，银行下一步的行动就是将房子的产权收回，进行拍卖。拍卖是在地方法院进行，所以叫“法拍”。在此情况下，原屋主已经彻底放弃对房产的所有权利，银行变成屋主，有完全的决定权。买方来买房子也是同银行拍卖签合同。经房子被拍卖的屋主的信用记录将彻底损坏，很多年内不会再有任何机构给他贷款。所以出现债务危机的屋主尽量先将房子短售，万不得已才被银行没收拍卖。以下是短售房屋和银行拍卖方的区别：

	短售	银行屋
1. 房屋所有权	归屋主	归银行
2. 价格决定权	银行	银行
3. 签字权	屋主	银行
4. 居住状况	屋主有可能自住	空房
5. 房子修理	买卖双方谈	买方自付
6. 房子状况文件	屋主提供	不提供
7. 过户时间	2～6个月	10天（现金买主）到1个月
8. 过户是否保证	没有保证	有保证

六、炒房注意事项

美国很大，地域也很广，房价差别也很大，机会太多，投资者就是有再多的资金也不可能把所有值得投的房子全部买下来。也正是因为这个原因，投资人往往不知投在何处，投多少为好。不明所以就会造成盲目乱投，考虑很久投了下去，结果可能还是不理想，因为信息量太大，初来乍到，情况很难搞清楚。

为避免这种情况的发生，我用在美国经营房地产的经验，建议投资者主要考虑下列因素：

（一）投资目的

到美国来的中国人越来越多，可以说各种背景和原因的都有。但在投资房地产方面大概有以下几种情况，每种情况的目的不同，因此也就有不同的做法：

1. 抄底。低价市场，人民币升值，美元贬值等因素是吸引投资者的主要因素。既然是投资，回报或最起码的保值就是第一位。就华人较多的地方来讲，大的方面就是美国东西两岸，再具体讲就是东岸的纽约州、纽约地区；西岸的加利福尼亚州、洛杉矶和旧金山地区。这些地方都属于大都市，经济活跃，生命力强，发展潜力巨大，华人生活方便，增长潜力无限。其他地方投资的机会也很多，价格也相对便宜，但是人少，华人更少，出租困难，价格也不涨。美国内陆及各州，房价几十年一个样，但是旧金山和纽约的房价在 50 年内平均长了 50 倍。

对于抄底的投资者，我们建议在较好的社区内选择状况最差的房子，然后进行简装修后转手。

2. 存款。资金充裕的投资者为了把资产多样化，除了在自己本行业内进行大量投资以外，都在考虑如何把一部分资金投向稳定、保值、升值的行业里。国内的投资机会很多，各行各业都有。但如果有跨国投资机会，我想大多投资者都会考虑在美国投资房地产的可能性。建议这类投资者投在好学区、好社区、好位置，房价是第二位的考虑因素。好地方永涨不跌。比如硅谷的斯坦福大学附近，抗风险能力特别强；洛杉矶的圣马力诺附近，纽约的曼哈顿等。

3. 移民。移民投资者可能早就有所准备，有很多正在排队等待办理移民手续。有的可能已经或正在计划处理国内的企业，为移民作准备。出于同样目的，趁着现在房价低，晚买不如早买，反正迟早要到美国，所以现在就投资一栋房子肯定是明智之举。

移民的投资方向属于综合性的，可能会考虑价格，离亲戚朋友的距离和学区针对性不强。

4. 为下一代上学做准备。这类投资者的目的非常明确，就是为孩子今后到美国留学铺路。趁现在房价低迷，人民币升值，买栋房子实在是好机会。这种投资者应当考虑的首要问题是学区，然后是居住环境的安全和交通方便程度。在美国，一般华人居住的社区大部分都在好学区里，所以这方面倒不是什么问题。

这类投资者不应把价钱放在第一位，而是学区。学区好，房价自然不是最便宜的。

5. 综合因素。还有些投资者是由多种因素和目的才到美国投资的，包括以上提到的或者其他因素，这就看投资者想要什么了。可以说，美国什么房子都有，但投资房地产的原则是在好区买状况不好的房子，而不是在烂区买最好的房子。

（二）方便程度

这牵涉到两个方面：一个是美国与中国之间的交通，一个是房子的位置。从中美交通的情况来说，加利福尼亚州在美国西岸，面临太平洋，回国需空中飞行 9 ～ 10 个小时；纽约州在大西洋，是美国东岸，回国空中飞行 12 ～ 14 个小时，比到加利福尼亚州多飞 4 个小时左右。对不喜欢坐飞机的人们来说，少 4 个小时的空中逗留时间可能也是决定投资地区的因素之一。

房子的位置，尽量买在都市区或周边卫星城，人较多的地方。在美国，都市区的概念是北京的 4 环以内，周边 40 公里左右的城郊是卫星城。当然美国城市一般都没有中国的人口多，但占地面积都不小。洛杉矶、旧金山、纽约均属于此类。这些地方就业机会多，交通方便，华人多，生活方便，中文报纸、电台、餐馆到处都是。可以这么说，住在这些地方不懂英语都完全可以生存。另外，这些地方的种族问题也相对少，因为外族裔人士的总数已经不再是少数。

相反，白种人变成少数族裔的趋势已经不可避免。

（三）气候因素

美国地域很广，气候差别很大。虽然对气候的选择是个人的偏好，但是，严寒、大雪、飓风、水灾、地震，都会给人们的经济活动带来重大影响。尤其是年复一年的大雪封门，天寒地冻和飓风，限制了人们很多活动，增加很多不必要的开支（房子造价、取暖能源、除冰、除雪设备等），这直接影响投资成本（出租率、房子维护等）。如果不是特殊原因，如有亲戚朋友、业务牵挂，我建议初来美国的投资者尽量到不会受季节影响的地方，那就是美国西部加利福尼亚州的旧金山或洛杉矶。加利福尼亚州是世界著名的阳光州，四季如春，阳光灿烂。尤其是旧金山地区的北部加利福尼亚州，这里青山绿水，森林海洋，自然景观等丰富多样，农产品价格低廉，投资运营成本低，就业机会更是全美第一，小孩毕业后很容易找到工作。世界高科技巨人大多在此设有总部，并有多所著名大学。

（四）选一个经验丰富的经纪人是投资成败的关键

美国是一个高度发达的法制国家，各行各业都有自己的行规，做法和习惯，也就是美国人常说的“专业化”，行外人很难短时间内搞懂。也正是如此，美国行行业业的经营都要有专业执照，以保证产品和服务达到标准。房地产业更是如此，一栋房子投资很多，可能是普通人一生的积蓄，牵涉到的事情也很多，找什么房子、房子状况、合同内容、双方的权益、利益的保护、纠纷的解决等，每一个环节都会有客人需要了解的问题。有关部门对客人在整个交易中所提的问题进行过统计，一个房子买下来，客人问的问题大约在 300 个以上。如果经纪人因经验不足而误导了客人，后果将是严重的。而且，在美国，买卖双方需各有各的经纪人，以便保证经纪人完全代表自己并保护自己的利益。在美国的一些中国人，什么都想自己做，什么都略知一二，但都不是很懂。到头来，不但自己做不好，也会给客人带来麻烦，危害很大。

“经验”这两个字在美国极为重要。在求职场上，同等条件下，有经验的人比没经验的人的工资会高出很多。因此美国特别崇尚“经验”。

七、在美国修、盖房有利可图

（一）扩建改造房屋的市场潜

总体来讲，按人均占地面积算，美国虽然地域广阔，人烟稀少，但是在经济发达区、政治中心区及主要都市区的“地”基本都处于饱和状况。建国200多年的发展使这些地段的地价成几十倍上百倍地增长，房价亦是如此。

这些在不同时期兴建的老房子都有一个共同特点，即房龄到了50年左右的时候大都需要更换设备、重新装修或扩建改造，更老的房子更是如此。由于这些地方开发得早，地理位置都是最好的，所以不同的屋主对房子的重建或改造都有自己的做法。有的年久失修，无人看管，房子已经破旧不堪，改造的费用远高于重建，所以就干脆推倒重建。但大多数房子的屋主不一定有这个财力，或认为这样做不够经济，那就进行扩建改造。还有的房子属于历史遗产，在政府保护之列，根本不许拆或改动外表，就只能改造内部。无论怎样，好区好位置的房子只要经过装修改建，房价将会大增。从屋主的角度讲，生活条件和状况会有很大改善，布局将更合理，设备更新，各方面更接近环保要求。如果屋主想卖掉，翻新过的房子也会比没有装修过的价格高出很多。

对新入住的主人来讲，因买的是别人住过的房子，格局、设备、色彩等不一定能满足其要求，所以绝大部分人都要多少对房子进行装修改造，以适合自己的要求。而且，越是好区，屋主越是爱整修房子。

因此，可以这么说，在美国修建房屋的市场潜力是巨大的，有干不完的活。

（二）承建商现状

目前在中国人社区里做房屋工程的承包商大多没有执照，主要原因是语言障碍。这些承包商来自国内各地，都有不同的背景，很多过去也许不是从事承包工程的，到美国后为了生存几个人合伙就干了起来。他们所接的工程都较小，如翻新个厨房、卫生间，做地板、刷油漆什么的。这样的承包商价格相对便宜。当然这其中也有有执照的，他们可接较大的工程，如盖新楼房等。

中国人的承包商绝大部分存在一个通病，即做工粗糙，看上去该平的不平，该直的不直，感觉很不舒服。当地美国人的承包商也不是全都好，但大多做工质量较好，价格比中国人的承包商也高出很多，有时会高出一半来。所以能找到一个做工好，价格又合理的中国人承包商也不容易。

扩建或新建房子的成本一般是每平方米 1500 人民币左右。

（三）盖房规范和要求

加利福尼亚州的民用住宅几乎全是木结构、水泥基础，非常简单。虽然结构简单，但还是有技术规范要求的。只要懂得设计要求，符合规范，设计两层、四个单元以下的民用住房无需执照，只要你设计的图纸能被审核部门看懂。每个城市的市政部门都有一个建房管理处，负责所有建筑物的设计和审批。

对于一层的民宅，盖房面积一般是土地面积的 45%，国内对这种限制叫“容积率”。加利福尼亚州一栋民宅占地面积约 600 平方米左右，所以房子可以建到约 250 平米，超过此数字要经过专门审批。在某些城市边缘，有的地比较大，容积率比较低，比如一块 5000 平米的地，如果也按 45%的比例盖房，那么这栋房子可建到约 2250 平米，那将是一栋怪物。所以很多城市限制第一个 1000 平米的地只准盖 30%，第二个 1000 平米的地只能盖 20%，以后越来越小。高度也有限制，二层楼房从地面到房顶屋脊不得超过 8 米，一层不得超过 4 米，室内顶高一般是最低 2.5 米，目前大多新房都是 3 米。

如果周围的房子都是一层的，你要盖二楼，一般情况下要同邻居打个招呼。礼多人不怪，一般他们都不会有太大的反对意见。但若不先打招呼，个别邻居如果坚决反对，有时候会麻烦，因为房子比别人高出很多，对周围邻居也有影响。不过你房子的设计只要符合规范，谁反对也没用。

美国盖房子的每一个程序都会有市政管理部门派来的检查员检查，以确认所用材料和施工质量符合设计要求。检查员在表格上签字以后，下一步工程才可以进行。比如基础做完后若没有检查员的签字，就不能继续往上盖。所以从这个角度讲，施工质量是有保证的，屋主大可放心。

第八章

如何增加获得访美签证的机会

能到美国来是一部分人的梦想。美国既不是天堂，也不是地狱，就看你如何看待它，适应它。每个人到美国的目的不一样，生活方式亦不一样。如果你是“海飞”，那就像只候鸟在中美之间穿梭。如果你想定居美国，就要先想好，对自己有一个客观的判断，是否能适应美国安静而枯燥的生活方式。

一、美国人的生活和思维方式

美国是一个基督教国家，历史上，最初组成美国政府的精英人士是由一批被英国政府流放出来的政治犯、通缉犯、反政府人员和受迫害的清教徒组成。清教徒推崇完全按照圣经的原则生活，不折不扣地遵循圣经的教导是他们的首要任务。当时的英国把那些信奉加尔文教义、不满英国国教教义的人称为清教徒，进行残酷迫害。由于英国的宗教迫害，大部分清教徒都逃亡到了美国，所以人们说起清教徒，一般指的就是美国的清教徒。

这些西方的宗教分歧离我们中国人较远，但清教徒有很多长处值得我们学习。清教徒认为，创业必须要禁欲和勤俭节约。他们限制一切纵欲、享乐甚至消费行为，将消费性投入和支出全部用在生产性投资和扩大再生产上。这样的结果必然导致资本的积累和产业的迅速发展。以克制和禁欲增长了社会财富。这一点同我们中国人的艰苦朴素和勤俭持家的美德是一致的。

清教徒崇尚工商业活动，在商业活动中诚实守信、珍视信誉、决不坑蒙拐骗。清教徒企业家不仅追求利润最大化，而且具有对社会的回馈意识，担当社会责任、扶持社会公正，为社会公益事业作出了巨大贡献，承担了巨大的公共事业义务。清教徒有乐观向上的精神，对一切事物充满信心，无论从事商业贸易还是农业生产，都具有排除万难、不怕牺牲，获得非凡成功的勇气和信心。他们善于创造和创新，不断地开拓和征服。美国的强大是同这种精神分不开的。

历史的沿革塑造了一种社会生活方式。禁欲和限制消费虽然不符合现代社会的经济发展和生活方式，但是这种习俗却在美国保留下来了。在南欧、地中海、东南亚、南美洲等地方，餐馆、歌舞厅开到凌晨两三点，这种状况在美国是见不到的。美国的餐馆 9 点以后大部分就要关门，唱歌跳舞的地方极少。因此美国在国际社会的形象和他自己在国内的实际生活方式截然不同。

美国的国际形象是自由开放，街舞随时跳，摇滚到处唱。实际并非如此。凡是到过美国的人都知道，美国人的生活方式是：早上，人人步履匆匆，赶着上班，都市交通到处堵车；5 点以后，纷纷下班回家，再堵一次；7 点以后，街上行人寥寥无几；8 点以后，城市就进入梦乡了。你想找个地方消遣一下，过一下夜生活，顶多也就是进餐馆吃顿饭，偶然听一次音乐会而已。电影中的酒吧和狂欢场面，在实际生活中几乎见不到，而且那不是上班族类型的人去的地方。当然你想去也可以，体会一下美国夜生活。但是：一是多数人不知道在哪儿，你要到懂行的美国人那里去四处打听；二是你去了也不知道喝什么酒，你想喝的二锅头他们肯定没有，他们有的你也叫不出名字来；三是随便要一杯混酒稀里糊涂喝下后，可能还会遇到几个喝高的大汉同你搭讪。

这种感觉有点儿奇怪吧？一点儿也不怪，不信就试试。当然，如果你真想进去后如鱼得水，同他们交上朋友，你可能早已离开白领上班族的队伍了。

那当地美国人业余时间都做什么呢？下班后个个呆在家里，一家人吃晚饭后，看电视，看美国肥皂剧，或各干各的事儿。周末割草修院子，送孩子学钢琴、画画、去超市买东西，顶多朋友聚一下，如此而已。就是邻居之间也极少来往，根本没有串门一说。见到邻居，问个好，礼貌一下了事儿。放长假时，很多家庭驱车出游，休息几天。这是真实的美国生活方式。没有来过美国的同胞千万别把美国想象得多么豪华绚丽、丰富多彩，免得来后感到失落和寂寞。

一次，一位美国同事看了一部反映中国现实社会的电影，看完后同我聊起来。他先是赞叹不已，说中国根本不是什么第三世界了，很多地方简直是比美国都先进，比如手机、高铁、超市、现代派大楼什么的。我问他，你看到都是好的，那你能否告诉我你看到有什么不好的地方吗？

这个老美不加思索地马上回答说：“最不好的就是美国的生活方式：高消费，高能耗。首先是汽车，中国那么多人，要都开上汽车的话，那将是世界的灾难。其次是已经害了美国半个世纪的快餐麦当劳，它制造了成千上万个胖子。这些胖子现在都有不同程度的心血管疾病和糖尿病，这些病人不但给医院和社会造成极大负担，还使我们这些健康人的医疗保险费日益剧增，我们付的保险费让这些人用掉很多。你们中国怎么开始吃我们甩都甩不掉的垃圾食品了？麦当劳不但养出一批大胖子，快餐包装所带来的垃圾，也给城市增加了沉重的负担。还有使我更不明白的是，中国人的生活水平到底是提高了还是降低了，为什么他们开始吃面包，喝牛奶了？”

这个美国朋友的问题的确问到了点子上，他提的问题也太大了，已经超出了本书的讨论范围。这正是一个社会在发展变化进程中的突出矛盾所在。一方面，一个国家要发展经济，改变面貌、扩大就业、提高人民的生活水平，另一方面经济发展所产生的社会矛盾，人和自然界的矛盾同时也在加剧，如资源的过度开发、环境污染、交通问题、住房问题等等。如何在这所有的矛盾中寻找平衡，既能维持社会和经济的正常发展，又不以牺牲自然环境和人们的身体健康为代价，的确是任何一个国家和政府都面临的严峻挑战。

这位老美提到的问题也反映出中美之间生活方式和思维方式的差异。那么，被中国人视为时髦的美国快餐在美国是一个什么样的地位呢？首先，它是被社会公认的垃圾食品、非常不健康的食品；其次，它是非常廉价的食品，可以说是最便宜的食品，虽然每个人都吃过，但是吃麦当劳在美国绝对不是什么时髦的作为；第三，大部分人只是在的确没地方吃饭时，才不得不吃一次麦当劳，如开车出游，临时出门在外等。这倒不是为了省钱，而是因为方便、快。如果午餐以吃麦当劳等快餐为主，这些人在美国一定不是白领阶层。

至于中国人开始吃面包、喝牛奶，作为日常生活中早餐的多样化，也无可非议。但是如果在电影荧幕上让某一富豪家庭刻意以吃面包、喝牛奶来显示其地位和富有，从国外来看这件事，就令人感觉有些可笑了。因为面包牛奶这东西也是非常廉价的日常食品。廉价到什么程度：美国的一加仑牛奶（合 3.8 升）为 4 美元，基本上合一个多美元一升，即 6.8 元人民币一升。面包也便宜，合人民币 15 元一斤。

154

还有一次接待国内来美国旅游的朋友，来到后我问他的儿子想吃什么，他说想吃哈根达斯冰激凌。我猛一听还没太明白他说这个品牌的冰激淋在美国是什么。我说你要的这个冰激凌还真不一定有。这孩子说一定有，我说为什么，他说这个名字的冰激凌就是美国的。我说是吗？那你再给我说一下名字，看我能否跟英文配上。他又重复了一次，我这才明白他在说什么。我问他为什么非要吃这种冰激凌，他说这在国内可有名了，非常好吃，就是贵。看来在国内吃这种冰激凌算是一种时尚。

这种冰激凌的确有，在普通超市和杂货店都能见到，它倒是个有 50 多年历史的老牌子。说实在，这种冰激凌在美国也就同其他东西一样，在冰柜里放着，丝毫没有特殊显眼的地方，销售量也不见得比其他品牌好。我儿子的同学朋友聚会也从来没听说过就一定要买它吃。可是就这么不起眼的普通东西，到了中国竟然成了时髦的上等品。

俗话讲，“外来的和尚好念经。”在中国这句话尤其正确，凡是国外来的东西，国人大都比较推崇、追求，并不太了解这东西到底是否真好，好在何处。其实这种崇洋心态大可不必，因为我们自己民族的东西也有很多极为优秀的。从吃上来讲，我们的食品种类繁多、千变万化、经济健康，的确值得推崇，比西餐好太多了。但若以吃什么来表示一下身份、地位、档次，这在美国的确没有人会去考虑，因为食品在大多数美国人家庭里的开支几乎可以忽略不计。

需要提醒的是，由于观念的差别，如果在国内邀请欧美人吃饭或住在自己家，早餐一定让他们吃我们的传统饭：豆浆、烧饼、包子、点心、小菜之类，那才是令他们赞叹不已的丰盛早餐。除非他们要，千万注意别再让他们喝牛奶、吃面包果酱，吃什么哈根达斯冰激凌、汉堡包之类的，否则他们真会感觉，让他们吃这么廉价的东西，他们被冷落了，或这趟中国之行白来了。

二、申请来美国签证的理由

中美两国在这方面的思维方式有所不同。中国人可以列出无数种五花八门的理由，有的可能是不现实或假的，但是还是要在申请签证时提出来，因此很多同胞屡次遭到拒签。我不是美国使馆签证官，但是对美国人的思维方式和他们注重的问题多少还是有所了解。

美国人比较注重家庭关系，申请来美的最好理由是同家庭和朋友有关的团聚：

1. 孩子或亲戚朋友上学或毕业典礼；
2. 亲友的婚礼或结婚周年纪念；
3. 亲友的丧礼或纪念日；
4. 宗教会议或举行宗教仪式；
5. 拜会老师、同学、学者；
6. 全家赴美观光旅游等。

另外，最近几年美国在开发能源方面正在筹措资金，如建太阳能发电站等。据说这是投资移民的最好途径，只要在能源项目上投入一定的资金，有关方面就可以给投资者办绿卡。详情请咨询律师。

三、着装、语言和举止

着装、语言和举止方面中美两国之间差别很大。也就是因为这种差别，造成很多人在办理赴美签证时被拒签。有时申请人各方面条件很好，但就是因为一些想不到的细节而引起签证官的误判和不理解，遭到拒签。在此，我们提出一些常识性的注意事项供大家参考，以增加获得签证的机会：

（一）着装

每个国家大使馆办签证的地方都是一个半正规场合，这种地方既不十分正式，但也绝不是随便穿衣戴帽的地方。男士尽量穿西裤、衬衣。衬衣一定是要熨过的，平整干净没有褶子，袖口要扣上，颜色要浅，不要有花，但可有条纹暗格。如要穿外套，可穿西装或夹克衫，领带可以不打。头发要理顺，不可蓬头垢面。脸要刮干净，鼻子和耳朵里的毛要剪断，指甲要剪短。

女士尽量穿裙子，上身穿外套，内穿衬衣或低领内衣。夏天不要穿得太暴露，可戴简单项链、耳环和头饰，色彩偏素，可有花色，化淡妆，最好不要喷香水，更不可穿裘皮大衣，花枝招展，浓妆艳抹，那容易让人误解。

在美国等发达国家，即便是有钱人，大多数情况下也不会衣着出众，更不会到处炫耀名牌服装、名牌手表、名牌包。在美国，大多数人的穿着都很简单，但如果不了解美国人穿着的话，看他们穿衣简单，好像是不穿西装领带就是随便一样，其实不是。我们中国人理解的“随便”，那叫真随便，很多人既不讲质地和款式，又不讲色彩搭配。如果你把美国人这种看似简单的着装误认为是随便，那就错了，如果你真的随便穿衣，在有的场合就难免尴尬。比如要参加美国人的一个学术讨论会，你如果穿着拖鞋和大裤衩，那是绝对的失礼。

美国和欧洲人的穿着讲究得很，什么场合穿什么衣服是不会乱的。平时的衣服讲究舒服、质地和色彩搭配，上班下班穿的，婚礼葬礼，开正式会议和晚宴穿的，休闲时穿的都有考虑。是否名牌，好像没人太在意，更很少有人去追求，那没意义。因为，名牌服装很便宜，比普通好服装差价在50%左右，谁都买得起。比如一件上面印有骑马打马球的男士短袖上衣，在美国40美元左右一件，约300元人民币就能买到，同样品牌的夹克衫不过是600元人民币。我们办公室打扫卫生的墨西哥人有时也见他们穿有这个标签的衣服。美国人对名牌的概念非常淡薄。

所以衣着高档名牌到美国使馆办签证，美国人不一定看得懂，就是看着了你夹克衫上印有一个小马的符号，也不会因此就给你加分。装饰过度反倒误事。

（二）语言和举止

同对方语言交流的最起码礼仪是目光交流，即讲话时要看着对方的眼睛。这在办签证时尤为重要。对方也在同你交流时希望从你的眼睛里发现什么。如果你在交谈时不敢正视对方，或眼光飘忽不定，或讲话时吞吞吐吐，这给对方传达信息肯定是你心里不踏实，也可能没讲实话。

所以同签证官的谈话务必注意看着他们的眼睛说话，目光坚定，讲话自如。同时不要有小动作，如抖动腿、身子乱动、手乱摸，更不能扣鼻子，讲话口喷吐沫。抽烟者进门之前一定把嘴里的烟味除掉。讲话同对面的人要保持距离，并注意控制音量。

签证官发给你签证的依据除了按规矩审查必需的文件外，在很多时候的确是凭他们对你的判断和感觉，看你是否诚实。否则，硬件都一样，为什么有的能拿到，有的就拿不到呢？中国人办签证很容易流传一些说法和所谓的技巧，有的甚至传得很神。其实这也大可不必，因为美国人的审核标准外界是很难知道的。听个别人的小聪明和小技巧来碰运气，做了不少功课，倒不如直截了当把话讲明白，比如，我全家 4 口就是来旅游的，来玩儿的，想看看美国什么样。这样做反倒比你拐弯抹角拿到签证的机会更大，因为美国人赞赏诚实。

第九章

加利福尼亚州房地产中介公司运作方式

一、执照

在加利福尼亚州经营房地产一定要考取加州房地产协会颁发的营业执照。该执照任何人都可通过考试取得。考试要通过两次，一次是初考。初考可以通过完成网络学校课程或指定的学校课程后进行。初考通过后，由上过的学校作为担保人同考生一起申请州考。州考通过后，房地产协会将寄送给考生正式的营业执照。

加州的房地产执照也分两种，一种是房地产代理人执照。该执照做为建立房地产公司之用。房地产公司的经营范围是：

1. 招揽房地产经纪人。
2. 管理房地产经纪人并对经纪人的业务行为负责。
3. 作为买卖房地产的中介。
4. 作为给买主提供贷款的中介。
5. 做物业管理。

另一种是经纪人执照。持照人一定要参加一代理公司方可从事房地产代理的中介业务。

美国的房地产代理行业非常规范，一百多年的积累使该行业出现了很多法律条文、很多固定做法和约定俗成的规定。这些条文和规范相当细致，因此房地产代理公司有很多繁琐的文件要做，有很多事情要上报房地产协会，尤其是财务方面，要求极为严格。如果协会一旦发现从业者有违法现象，惩罚是相当严厉的，除吊销执照外，犯法者也有入狱坐牢的危险。

所以，如果不想建公司，不想同繁琐的规章制度打交道，就不必申请代理执照，仅申请经纪人执照后加入到一个代理公司即可合法经营中介业务。这就是为什么95%以上的经纪人都是仅持有经纪人执照而不去拿代理人执照。

二、经纪人同代理公司的关系

经纪人一旦拿到执照后，就会有许多代理公司同你联系，希望你能到他公司当经纪人。一般来讲，代理公司都希望扩大业务，招来的经纪人越多越好，这样才能把业务量做上去。

美国的房地产经纪人是没有工资的，所有的收入来源全靠佣金。而且涉及到经纪人的福利、医疗保险、退休金等，代理公司一概不管。所以，代理公司同经纪人之间的关系既不是雇主和雇员的关系，也不是合同关系，因为也没有合同可签，而是一种非常松散，随意的合作关系。经纪人来到代理公司后，把自己的营业执照交给代理公司，然后即可开始工作。经纪人如果想离开代理公司，把执照要回来后，随时可以走人。从报税的角度讲，房地产经纪人、贷款经纪人、律师、保险经纪人等的经营类别，即不属于公司，也不属于生产企业，而都属于“独自经营者”。

经纪人的工作时间是随意的，可以一直休息，也可以一直工作，上班时间也无人过问，你在做什么，怎么做，全是自己的事，只要不犯规，没人管你。在正规的专业大公司，有时候出于礼貌和关心，代理公司的经理会同你聊一聊，问一下业务情况。你高兴的话可以同他谈谈，若不想同他谈，大多数经理也不会因此与你过不去。在多如牛毛的小公司里，也没有专职经理，经纪人同代理公司的个人和工作关系更是松散，经纪人在公司想干几天就干几天，想走随时就走。如果你没有什么要问的，你也不出什么问题，或者公司也没有什么重要的事情要同大家面谈，同公司的其他人几个月不见面都很正常。

但是，如果你的行为有偏差，包括广告语言使用不当，房地产协会的有关部门将会前来干预。比如你在卖房子做广告时这样写：“……个卧室，3个卫生间，位置方便，走路到中国超市，屋主离婚急售……”这种广告在美国肯定要被告，因为它违反了公平住房条例的精神，并涉及到两个敏感问题：“中国”有种族色彩；“离婚”涉及到卖方的婚姻状况。因为根据公平住房条例，在房地产出租，买卖和贷款交易中，禁止涉及交易双方的种族、宗教、国籍、婚姻状况、性别、身体和家庭状况等问题。

三、经纪人的经营成本

经纪人所得的收入并不是全部能够装进自己口袋里的，而是要同代理公司分成。由于大公司规模大、名气大、广告多，因此运营成本相对高，同经纪人的佣金分成也低。在大型、专业的代理公司里（有有数千个经纪人的，还有有上万个经纪人的，如“库尔班克 Coldwell Banker”公司，除在美国本土各州和都市区都有分支机构外，在海外也有分支机构），都配备了很完善的的办公和服务设施。如广告、黑白和彩色复印机、装订机、传真机、计算机房、合同纸、包装文件、包装材料、快递、电话、邮寄、会议室、投影机、咖啡室、茶、饮料、面巾、冰箱、微波炉、经纪人办公隔间、前台服务人员、经理、经理助理、过户协调员等。这种公司对经纪人的佣金分成一般是公司收 40%，经纪人拿 60%。这是对新经纪人的起步分成标准。如果经纪人做的业务量很大，公司会根据不同分成档次随时上调分成比例，最高可拿 85%。但你用公司的所有设备都是免费的（年费除外）。这包括：办公桌、电话、公司网路、公司软件、寄信、彩色复印机、合同纸、合同相关文件、文件夹、文件包装、周末开放屋的广告等。

小公司就不一样了，由于经营成本低，给经纪人的分成也就高，有的可达 90%，还有的可分到 100%。当然，你用公司所有的设施都要付费，打个电话都要付钱，更谈不上彩印、包装和快递了。

除了公司要同你佣金分成以外，公司还要对经纪人收年费。库尔班克公司的收费标准是 4500 美元 / 年 / 每人。这个费用是一定要交的，无论你的业务做得如何。

四、经纪人的行为规范

正如前面所述，美国的房地产、保险、理财规划和股票中介行业非常规范，对经纪人的要求非常严格。就房地产行业讲，“全国房地产商协会”有一本小册子，详细规定了经纪人的行为规范，共有 17 条。同介绍合同一样，我们在此不对原文进行翻译，而只用一句话进行简单介绍。经纪人必须：

1. 在诚实对待所有涉及本交易各方人士的同时，尽力保护自己客户的利益；
2. 不能对涉及产权交易的所有事实进行误导、隐瞒和过度渲染；
3. 在最大限度保护自己客户利益的同时，同对方经纪人积极合作；
4. 在涉及自己或亲戚的产权交易时，将其关系和利益公布于众；
5. 如果隐瞒自己在交易中的利益的话，禁止进行专业服务；
6. 在向客户推荐相关服务时，公布自己的利益关系；
7. 除非公布相关利益，否则只能收取一方报酬；
8. 将客户的定金等收益单独存入特设账户中；
9. 将所有客户签过的文件，送交客户一份复印件；
10. 对所有客户提供相同的专业服务，不分种族、肤色、宗教、性别、体障、家庭和国籍；
11. 在经营的本行业里是合格和胜任的，但对经营范围以外的行业要寻求协助；
12. 在广告和公共信息里，明确自己的职责范围；
13. 不许进行非授权的法律事务；
14. 自动并有意愿参与调查和监督违规行为；
15. 对合作方的经纪人提供诚实和确切的信息；
16. 尊重其他经纪人同其客户已建立的合作关系；
17. 协商解决同客户和经纪人之间的财务纠纷。

五、买方经纪人的服务范围

（一）评估阶段

同经纪人面谈以后，根据买方的要求经纪人会给买方介绍市场、社区、学校、交通等情况，分析市场现状和价格走势，提出调整方案，确定寻找房子的范围，确定双方的合作关系。如果买方需要贷款，给买方推荐贷款经纪人。

（二）找房阶段

经纪人提供最及时和准确的房子信息，提供市场情况分析报告，寻找并过滤符合买主条件的房子，带买主看房，分析房子的利弊、潜力，分析买下来后可能出现的开支，根据周围房子的情况分析房子的价格。如果买主对房子有兴趣，经纪人从卖方代理人处索取房屋状况文件，并协助阅读，提出问题和提出对问题的解决方案。联系卖方经纪人了解更多的情况，对买方提出的问题进行解答。

（三）报价阶段

房子看好后就进入报价阶段。经纪人给买主解释合同条文和各种由卖方提供的文件、地质公司文件和产权报告等，并调查周围房子价格，提出建议价，解释贷款信息，解释反悔期的重要性和后果，为买方协商价格，书写相关文件，争取以最好的条件和价格为买方拿到房子。如果遇到同一栋房子出现多个报价的情况，要给买方建议如何在竞争中得标。

（四）成交阶段

合同成交后，如果买方需要对房子进行进一步检查，经纪人要联系检查公司，安排时间，同时要同贷款经纪人保持紧密联系，保证买方及时拿到最好的利息。如果在反悔期内，提醒买方对所有关心的问题进行全面检查，直到对房子完全满意为止，并提醒买方如果不能接受房子状况，要在反悔期内退出合同。经纪人要保证所有相关文件按时签字同卖方交换，提醒买主联系房屋保险公司对房子进行保险，跟踪贷款进展，保证贷款按时下来，安排在过户公司签署贷款文件和过户文件。

（五）过户阶段

在过户中介公司签字以后，安排对房子进行最后检查，确认同卖方达成的协议已经遵守。提醒买方要根据过户公司提供的账单到银行汇出头款到过户公司。

关注贷款及时下来，过户公司收到头款和贷款后进行注册、换名、过户。经纪人收到过户通知后给买方取钥匙交给买方。如果出现卖方不能按时搬出，要安排双方签“返租合同”，并要原卖方提交押金。如在搬出后房子出现损坏，要扣除修理费等。如果损坏较大，金额超出押金，双方纠纷将寻求小额法庭进行解决。

六、代理公司业务内容

虽然公司同经纪人的关系非常松散，但公司的运作仍然是正规而且是按部就班的。无论经纪人的活动如何自由，公司前台的三个服务人员，总是上午 9 点之前就开始上班，5 点下班。他们的工作是：

1. 接电话，但他们不能解答房地产方面的任何问题；
2. 发收公司的传真和信件；
3. 转达来访客人信息；
4. 接收买方合同带来的定金支票并登录到专门账户内；
5. 登录成交的合同上报总公司；
6. 联系有广告业务的媒体安排广告；
7. 联系广告公司给上市房子安装广告牌；
8. 管理所有办公设备；
9. 管理几十种与合同有关的文件；
10. 同产权保险公司协调有关事宜；
11. 登录上市房屋进入互联网；
12. 将合同文件配备成册，供经纪人随时使用；
13. 整理回收已经过户的合同文件。

经理助理的责任相当大，主要是协调公司各方面的业务关系，也包括经纪人的一些问题如延期执照，安排培训，同总公司的联络协调等，也要负责规范公司合同文件。与合同有关的，买卖双方必须签字的文件有 20 多种，100 多页。合同过户后，这些文件必须上缴。如果文件不完整，签字不全，经纪人是拿不到佣金的。有时候为了一个签字会等好久，因为买卖双方都有漏签的地方，卖方卖掉房子后，人离开了，助理还要追着他们补签字。

顺便说一下，前台的工作人员不能对有关房地产方面的问题进行作答或接待来访者，因为他们不是经纪人。那么，这类的事情由谁来处理呢？一般来讲正规的公司里都有一个经纪人专门来做。这个经纪人按照排好的班来到办公室，一边做自己的事，一边随时准备接待来访者或接房地产方面的问询电话。这样的安排好处很多：首先对公司来说，由于公司在市场上有很多房子在卖，又有很多广告宣传，包括报纸、杂志、网络等，所以每天都会有客人打电话进来，有时也会有客人走近来要买卖房子，有专业人员回答问题自然对公司的形象有好处；其次，对经纪人来说会增加许多接触客户的机会，前来咨询的客人有可能成为这个经纪人的客户，也就有可能做成生意。但并不是所有的经纪人都爱到办公室坐班的，排好的坐班时间必须遵守，一般要坐上 2 ～ 3 个小时，电话与接待也不是每天都有。一个有约 200 个经纪人的公司大概只有十几个经纪人愿意坐班。

以下是“库尔班克”代理公司在硅谷地区一个典型分公司的配置：

1. 经纪人总数：　约 180
2. 前台服务人员：　3 人，周末 1 人
3. 经理：　1 人
4. 过户协调员：　1 人
5. 经理助理：　1 人
6. 彩色复印机：　5 台
7. 黑白复印机：　2 台
8. 公用计算机：　21 台
9. 传真机：　6 台
10. 会议室：　6 间
11. 营业额：　5.79 亿美元 / 年

由于经纪人的工作独立性很强，各人全凭自己的能力做事，因此，彼此之间的关系比较简单。一般来讲，每个经纪人都有自己的固定区域去建立声望，扩大影响和知名度，但也难免出现多个经纪人同时经营同一区域的现象，在这种情况下就会出现竞争。比如说同一个房子的屋主可能会找几个经纪人来谈，最后只确定一个帮他卖。这时，经纪人们就要依靠自己的经验和能力来赢取客户的信任了，但是没有拿到这笔生意的经纪人也都会以平常心态接受这个现实。因为大家都在同一个区做事，彼此之间今天一方带卖主卖房，明天可能带买主到对方那里买房，互利共赢是更好的生财之道，所以，经纪人之间维持一个相对和谐的关系是很重要的。

第十章

在美国盖房的经历

硅谷的高房价全美闻名，想在好学区好位置买一栋200平米以上的房子一般都在130万美元（1000万人民币）左右，还都是50多年的旧房，除了有块地，其他方面真很难令人满意。为了住上一栋自己满意的房子，考虑来考虑去，唯一的途径就是自己盖。

一、第一步：设计图纸

如前所述，在美国盖4单元以下的独立住宅房，谁都可以设计而无需执照，非常方便。于是我就经常注意别人家的房子，只要到一个地方见到自己认为好的房子就拍下来，回家作参考。几年下来我已经收集到上百张照片。

照片有了，下一步是找建筑师画图。虽然设计房子不要执照，但由于自己不懂得规范，还是找懂行的建筑师更保险些。经朋友介绍，我认识了一个，他平时在一个公司上班，业余时间给客户画图，水平不错，原来在国内也是学专业的，到美国后由于建筑师执照非常难拿，就只好找份工作，自己还开不了建筑事务所。

在加利福尼亚州设计一栋新房的价格在8万人民币左右。当然如果房子较大会更贵些。同我这样的客户合作比较容易，建筑师不必花太多的时间去思考，因为草图是我自己设计的，建筑师只需要把我的草图按规范重新画一遍即可。也正因如此，他对我的收费相对较低。大多数盖房的人只是提出个要求，剩下的设计思考都交给建筑师去办了。

都说美国自由，但真到美国来生活，有的事儿还真让你觉得并非如此。美国不是注重隐私，不干预私人生活的吗？这就要看是什么事儿了。盖房子本是私家事，但美国政府不仅管，而且管得严。严到什么程度？从尺寸、风格、大小、高低、外形、油漆、窗户、用料……可以说没有他们不管的。

我设计的草图是现代风格，直线条较多，大型落地窗，多用合金铝造型，大色块，对比度强。画好之后我兴冲冲地约建筑师面谈。他看了几眼草图马上告诉我：

“太好了，你想象力很强……”我还没来得及高兴，然后他口气一转：

“可是你也别费那个劲，市政根本不会批准你建。”

“为什么，那他们会批准什么样的房子呢？”我顿时感到这盆冰水一股脑地从头顶浇了下来。

“他们的设计指南讲，新房的设计风格要同社区整体风格保持一致。”建筑师看了看我，上眼皮往上抬了一下，满脸的无奈。

这就让人很难接受。要同老社区风格保持一致，那么这个社区整体风格是什么样子呢？硅谷的房子都是50多年前或更早时间盖的，房子风格大多是农庄式的一层住宅，是为了防地震。刚到美国的时候就没觉得它是正规住房，反倒更像简易房。这时间长逐渐看习惯了，才感觉它是房子，否则看上去真像一片工棚。

“那你的意思是让我继续建造一栋50年代的农舍，这可能吗？我宁可去住鸡窝！”

建筑师知道，我不是冲着他来，因为他也常常因此而困惑，设计出来的房子市政不批的情况经常发生。可是谁让咱来到人家这二亩三分地上呢，你要想顺着性子来盖，只有回山东老家的宅基地上了。

盖房子对大部分屋主可以说是一生干不了几次的大事儿，既花时间又花钱。我花了这么多的心血，现在你让我盖一栋类似50年前的农庄式房子？这就是所谓的美国梦？什么世道！我们一般老百姓在社区里盖房，既不是要盖迪斯尼似的尖顶堡垒，也不是要盖个“汤姆叔的小屋”，更不会盖个土地庙，而仅仅是盖一个有些风格，美观、大方、实用的房子就行了。可是你没有这个自由，你同市政的房建部门打无数次交道，还不一定能搞定。想搞定，就得听他们的，接受他们的方案。当然了，在美国办事儿用不着低三下四，要以理据争，但绝不敢行贿受贿，那是重罪。

这个打击相当严重，我一开始“想画什么画什么”的理想彻底破灭了。

“盖一栋地中海或西班牙风格的总该可以吧，我见到许多这样的房子……怪不得美国人到了中国就为中国的城镇建设大加赞赏，对我们的日新月异感到惊讶，原来他们墨守成规，不思进取，还在那里孤芳自赏。这么下去美国迟早是会落伍的。”我同建筑师讲，他完全同意。但是选什么风格的房子好呢？怎么才能让他们容易批呢？我有点忍不住了，开始着急起来。

晚上回到家我就开始翻看原来拍的房子照片，希望有一种风格能让市政容易接受。翻来覆去还是喜欢西班牙风格的。在参考了多种方案之后，进行优化组合，最后终于画出自己理想的方案：一层，红色西班牙风格月牙形瓦，外道门上部分半圆，然后是通过4米长的小走廊，进入天井，然后是房子大门。大门采用古典风格，实木，上部半圆，门上有装饰性黑铁钉和铁框，一层台阶，立面贴西班牙装饰性彩色瓷砖。正面和后面的山墙房檐很短，门窗等正面墙壁很厚，突出了西班牙风格的特点。

草图交给建筑师后，他很喜欢，说这房子倒是挺有味道。我说这回市政的人应该不会有意见了吧，所有设计都在他们允许范围之内，看他们有什么可说的。

二、第二步：上报审批

鬼门关要一道道过。

几天后，建筑师把正规图纸画好了。我赶快去取了回来，急匆匆地按市政要求的尺寸印好后，直奔市政的建房部。办公大厅里已经很多人在等待了。同其他人一样，我先签到，然后等相关人员接待。

这是一个政府部门，同任何国家的政府部门一样，他们都有些通病，即工作效率。较落后的国家工作人员人浮于事，办事拖拉，效率很低。美国也不例外，只是表面上不太能看出来，因为你去办事时看到大家都很忙，好像没有人能够马上关照你。美国办事的习惯是，如果别人在交谈中，无论他们办事的速度如何慢，你都尽量不要去打搅，让他们办完后你再讲话。当然这可以理解，也是一种礼貌。可任何事都有一个限度，有的人真是没话找话，纯属闲聊，服务人员还陪着聊，别人也不好轻易打断，周围等的都是办事的人他们却视而不见，真让人受不了。

快一个小时了，好不容易轮到我，我马上把图纸打开让审查员审查。

这人把图纸反过来正过去翻了两遍，给你一种找不出毛病不善罢甘休的感觉。这几分钟的空气太难呼吸了，怎么那么难受……他半低着头，还在看，他越看，我越毛，最后还是让他给看出毛病来了。

“你这屋顶太大……”这张可怕的嘴终于张开了，他不慌不忙地告诉我。

我马上解释说：“屋顶是根据下面的结构设计出来的，平面结构是根据地的面积出来的。如果结构合理，没有相应大的屋顶，那有的屋子不就是露天的吗？”

他顿了一下，没有马上回答，好像在思考我讲的话。对呀，平面图都是可以接受的，屋顶要小的话不就盖不住了吗？他似乎也觉得自己的道理不足以说服人，然后改口说：

“是屋顶的山墙面太大，正面看是个大三角。”

“是个三角形，但它只是客厅的屋顶，并没有临着街。他前面还有一个天井，天井左边是车库，右边是卧室。正前方是进门和书房。如果从实际街景来看，这个屋顶几乎看不见，因为它稍微靠后。”

这审查员的歪理又被我反驳回去了。但是他仍然坚持他的观点，我是不可能说服他的。我真不知道他的这些歪理从何而来。屋顶高，可以再往下趴一点，降低高度，只要不影响室内高度，我没意见。

我们的交流几乎陷于停顿状态。为了打破沉默，他轻轻地说：“让我再给你查一下。”他用手指快速敲打着键盘，也不知在看什么资料。

过了不到一分钟他对我说，他会把这个图纸上报到更高的部门，让他们来审核。可是那个人休假，要等她回来才能做决定。我估计我可能处在模棱两可的状况，既然他说出了一个解决方案，我也就没再继续难为他，如果他一口拒绝那就更惨。随后我给他道个别，就离开了。感觉是浪费了几乎半天的功夫，什么也没干！

回来后我马上给建筑师打电话。建筑师说：“这也太没有道理了，我设计的尺寸既不超高，又不超大，他凭什么就不批呢？你就耐心些吧，不折腾你几个来回是不会有结果的。他们这些人，就是死脑筋，想维持原始状态。”

建筑师这么一说使我想起30公里外的那个名叫“圣塔克鲁斯”的海边小镇。这小镇位置得天独厚，山林、沙滩、大海它全占了，真是风光秀丽，景色迷人。可就是有一条，不愿意改变现状，想维持着五六十年前甚至是上百年前的景观。目前从硅谷到这个小镇只有一条快速路，而且山路陡峭，弯道很多，常出车祸。多年前社会各方都提议另修一条高速公路直达小镇。可令人吃惊的

是，全城居民几乎个个反对，说什么高速公路会带来很多人，打破了他们的宁静，造成拥挤，推高房价等。老百姓不同意，政府也只好作罢。

可我这房子设计得并不出格呀，是个标准的西班牙式，同周围房子尺寸几乎一样。既然头道关没过，我就只好放弃他，再同上面的人谈。我从房建处的人那里了解到，这个高一层的负责人是从伊朗来建筑师，人还不错。我拿到她的电子邮箱后，就同她邮件联系。

我说："我们都是新移民，来到美国的梦想之一就是想拥有一栋自己的理想住宅，你应该也有同感。现在我的房子未被批准，说什么山墙太高。请你审查一下，它根本没有超高，如果需要，我可以让房顶再往下降一些，你看如何？听说你是德黑兰来的，德黑兰我去工作过两个星期，那集市太棒了，应有尽有。只是我太太没有带长袍和头巾，呆在家里不太出门。那儿的水果真甜，食品也很棒，我们都非常喜欢伊朗，我们还去过伊斯法罕呢。"

邮件发出后两天没有回音，我想是不是她也会给个相同的结论呢，如果是这样，那可就完了，因为我就喜欢这个格局的房子。如果再让我重新选择，我那 200 多张图纸不就白画了吗，还有我的时间，什么都给耽误了。是她度假还没回来？心里真是忐忑不安。

两天之后她回邮件了。但是看到邮件我并不兴奋，因为不知道结局为何。从不迷信的我这次给自己打起赌来了。"是"还是"不是"，猜了半天，就差往天上抛硬币了。看着她的邮件像个怪兽，不敢去碰，可是又想知道她到底给我回了什么信息。

"嗨，杰旺，收到你的来电。对不起我一直在度假，昨天晚上回来看到你的邮件，但是还没有见到图纸。这样吧，明天下午你还到房建处来，我帮你看一下是什么情况，然后再定，好吗？德黑兰有好多地方值得看，如果再有机会去，我会给你介绍一下。"

她最起码没有拒绝我的方案。一封礼貌的回信点燃了我新的希望。

第二天下午我按时赴约。这位高级审查员已经在等我了。相互介绍后，还没等我坐定她就先讲了起来。看起来我到之前她已经研究了我的图纸。

"杰旺，你的图纸设计的相当好，我很喜欢，这种风格的房子在地中海沿岸很多，在加利福尼亚州也不是什么特别的风格，很多房子设计的比你还夸张，我们还是批准建。城市建筑多样化也是体现城市风貌，美化环境的重要环节之一嘛。尽管我们不断强调整体性，我们也尽量避免因噎废食，那不是我们追求的目的。”这话讲得太有水准了。

“那就太感谢了，你看还有什么地方需要调整的吗？我下次再来就希望他们盖章了。”

“已经很好了。山墙的问题你随便，降低高度倒可以省些材料费，否则也还好。”

几分钟搞定，这不就等于批准了吗？我兴奋地紧握她的双手，连声感谢，竟忘掉同她聊几句德黑兰市中心那个大裤衩形状的纪念碑了。然后我拿起图纸就往外走，一出大门，砰、砰、砰来了个三级跳，那个高兴，就差高呼“万岁”啦。

三、第三步：收尾事项

整个施工过程还比较顺利。我找的这个承包商相当有水准，首先他的价格合理，切记，是合理。如果你要报价最低的，那施工质量也可能也是最差的。我可不想冒这个风险，等房子盖好了推倒可惜，住着难受，那就惨了。其次这老板还有些艺术眼光，懂得内部装修，还时常能给你提出些好的建议。这些都很重要。第三，人也不错，容易配合，也会替客户着想，做事认真。所以房子盖好后大家都很满意。

房子完工后，下一步是拓宽车库前的车道。原来的车库是一个车位，自然也就是一个车道。现在车库改成两个位置，前面的车道就要加宽一倍。图纸在设计的时候都已注明两部车车道的宽度，以及上车道时喇叭口的宽度。喇叭口一旦开宽，旁边的一棵树就有些碍事，因为它离喇叭口还不到一米。如果保留这棵树，进出车的时候就不太方便，不小心有可能会碰着。因此建筑师在画图的时候就特别注明“此树要移位”。

“树”这个东西在美国虽说不是神，但如果它长到了一定的尺寸，即在一米高的地方直径有 30 公分时，你要是不小心或者故意把它给砍了，这事儿就大了。如果是你家地界之内的树，做些手脚也许没人知道。如果是马路边属于城市的树，要想拿掉它，就要有合理的理由，有了理由还要去有关部门提出申请。申请不批，你还真是不能动。

我家这棵树就属于城市的树。几年前一场大风把原来的树吹垮了，目前这一棵是后来种的。这种树是橡树的一个分支。橡树在加利福尼亚州是受绝对保护的，无论大小都不许砍，因为这种树长得特别慢，寿命也特别长。很多老橡树有好几百年的树龄。可是我家门口这个树种不在这类保护之列，因为它长得特别快，很容易培育，但是他的尺寸长够了。

这棵树本来还没有那么讨厌。虽说秋天落叶时总是要打扫，费些功夫，但夏天也给了不少荫凉。所以呆在哪儿也能接受。但是我的房子盖好后，它就没那么待见人了，主要就是进出车不方便。

为拿掉这棵树，我正式向市政部门提出过申请，填写了一些表格交上去了。

谁知道他们竟然不批，理由是盖房图纸审批的时候要先经过园林部门审核。现在房都盖好了，他们还没批。

那我就去找园林部门吧。可他们说要有公共工程部门的审核后才能考虑。

那我就去找公共工程部吧。可是他们说要他们出许可证，前提是要土木工程部的许可。

那我就去找土木工程部吧。可他们说你要先画出交通控制图，显示出行人和车辆的迂回走向。这个图承包商可以画，画好后送到交通管制部。后来承包商把图画好了。

那我就去找交通管制部吧。可他们说你要先找公共工程部。

我又找到公共工程部。该部的负责人说："我非常抱歉的承认，我已经被搞糊涂了。可是没有园林部的许可，我们不能做任何事情。"

这还有完没完？每个部门都说要另外部门先出具许可证，这不是在推磨嘛！驴推磨才走一条线，你们走七八条了，跳来跳去，我哪有这个时间陪你们跳探戈呢？这个探戈你们可以跳，可以天天跳，年年跳，政府还给你们发跳舞钱。我们老百姓陪你跳得起吗？

砍树的事儿还没搞定，种树的问题就提前提出来了。园林处的人说，树砍了之后，你要负责再种一棵类似的树。我说那是什么树，费用谁付，他说只能种我们指定的树种，费用屋主付，并打印出来种树的种类和规格给了我一份。

这是别人的地盘，不是自己家的自留地，那就只能听别人的了。回家后我就把种树规则看了一遍，发现"种树"也不能随便来。首先是树种，市政要求的是一种名叫什么"石米楷"的橡树；其次是尺寸，市政要求的是24×24英寸大的木箱（约 2 市尺 ×2 市尺）里栽培成的。

我对树是个外行，既没听过，更没见过这种树。于是我就给几个苗圃打电话闻讯，结果是他们都没有现货，必须预定。我随后又联系了几个砍树种树的专业公司，他们说可以帮我干：砍树收费 600 美元，种树 800 美元，但是不包括同此有关的申请费用。我说为什么这么贵，他们说这 24×24 英寸木箱中的树是很大的，要借助小型吊车才能把活干完。

就这棵树的事儿搞了一年多，毫无结果，搞得我心灰意冷，精疲力尽。这个罪我自己受也就算了，问题是房子。如果有一天我想把房子卖掉：

1. 别人一看见这房子的车道就不会买。

2. 如果新买主去申请砍树和拓宽车道，同样会陷到这个乌龙镇里。

3. 我如果事先告诉买主有关树的情况，买主会走掉。

4. 我如果不告诉买主，这属于隐瞒铁定事实，要吃官司的。

5. 如果真想卖掉，价钱上要砍掉一大块。

我真是无路可走了，谁能帮我出些主意呢？想来想去这是在美国，还是找一下美国人吧。于是我就同几家邻居聊了起来。我的情况他们都很清楚，可以说一举一动他们都知道，因为他们都是退休人员，整天看我这边的动静。聊了几家，他们也没什么好主意。只有对门的老头说，这好办，你就说对这种树过敏，他们马上会派人来砍树。可是说过敏要有医院证明的。在美国想让医生开个假证明，那是要坐牢的。我又走投无路了。

时间过得很快，事情就这么拖拖拉拉又过了一年。加利福尼亚州四季如春，阳光充足，花草植物如鱼得水，竞相生长。去年雨量又大，这棵树就借机鼓足了劲地猛长，树干越来越粗，树叶绿油油的闪光发亮。真可谓“长势忧人”。

树越大就越难申请砍伐。我开始心急如焚起来，整天寻思着怎么才能让它在地球上消失。无可奈何，就上网查吧。

这一查可真是大开眼界，网上各路豪杰可谓八仙过海，九贤过洋，那招数可多了去了：有挖根的、剥皮的、打药的、撒盐的，五花八门。看来砍树不只是我一家的头疼事儿，别家也有啊。

挖根剥皮？那动静太大，怕他们看见。我倒是倾向于打药撒盐。可是打什么药呢，那些除草剂用量小了不一定起作用，用量大了会对土壤造成污染，以后再种些果树什么的就不安全了。别的什么药咱也不懂，想来想去“盐”最好。

但不知道是否见真能见效。

为使效果更好，我又融了一些除草剂进去，撒盐，灌药，双管齐下。过了几星期，它与别的树区别越来越大，变化越来越明显。没多久，别的树叶都几乎成了形，它还停止在含苞欲放的嫩芽期。又过了几个星期，其他树叶全长齐了，可是这棵树原来长出的嫩叶开始发黄，逐渐脱落，两个月后它全部枯萎了。

虽然目的已经基本达到，但我并不很愉快，我并不是恨所有的树，相反我很喜欢树，可我的设计图纸都批准了，这树要移位，我也老老实实提出了申请，可官僚一个劲地推磨，推了两年他们自己都转晕了，也没有任何结果，这就不能怪我了。

看到这树的情况，我感觉应该停手了。为了使我钻的那些洞不被发现，我应该尽快把他们补上，无人知晓，这样会更加完美。至于以后有人问树是如何干枯的，我也不知道，可能是盖房时建筑垃圾多，影响到它了吧。

很可惜，我晚了一步。就在我把树洞周围恢复原状之前，这桩暗杀事件曝露了。

那天下午回家，刚在路边把车停好，一抬头，我发现树上被市政贴了张纸条。糟了！再低头一看，树周围被我设的伪装全被扒开，6 个洞口完全曝露出来了！，完了完了，这下全完了，肯定是被园林处的人发现了。

我后悔莫及。目前唯一能做的，就是查一下无证砍树犯的是什么罪。

随后我找到了市政有关砍树的条文，仔细一看："无证砍树如情节严重，将对肇事者罚款高至 5 万美元或监禁 6 个月！或者两者兼有！"我的头顿时间"轰"的一下，心脏开始发抖，有几秒钟的时间双腿已经不听使唤不知往何处挪动……心脏跳得像是要爆出来似的，这是从来没有过的感觉。记得有一次在尼泊尔的喜马拉雅山上开车出事，车在泥塘里打转，一个前轮已经悬空，几乎掉进万丈深渊，我也镇定自若。那可是要命的事儿，如果滑进深渊，连个影子都别想看见，还找人？全当天葬了。可这次也就是一棵树，大不了罚个款，坐几天牢，也不至于要命，我怎么就快给吓瘫了呢。

这段时间，家里就我一个人，儿子上学，太太回国，家里空荡荡的，显得特别冷清。我在屋子里转了几圈，不知做什么好，脑子全乱套了。看着即将进入黑暗的天空，心里也越加沉重。想到美国可怕的铁板法律，我几乎崩溃了。

整个晚上，我都在恍恍惚惚的状态下度过。想睡觉，别提了，整个被子和单子全被拧成了几个巨大的天津麻花。警察会不会来逮人呢？赶紧从床上爬起来走到我临街的那间办公室，听了听好像也没什么动静，看了看也没见闪光的警灯。可能现在不会来吧，已经凌晨 3 点了。不过你们来了我也知道如何应对，那条“米兰达法则”早就记熟了。这条法则说，当警察逮到你的时候，不要反抗，也不要做任何解释，可以说你要同你的律师联系。因为你此时讲的任何话都可能是今后对你不利的证词。

睡不成觉就干脆起来。想了想事情如果搞复杂的话我就必须请律师了，因为这事情的确不应该我负责，原因是他们在审查图纸的时候有关部门根本就没有来审批树的事。我在同规划部门谈的时候就已经发现了这个问题，我如果追究下去，肯定要由人负责。另外砍树条例也讲，如果这棵树影响到房子价格和屋主享受住房生活乐趣的时候，可以砍。

那好，既然我还有我的理由，打起官司来我也不是注定要输的，鹿死谁手还是个问号。坐以待毙还不如奋起战斗。随后我立即开始准备给律师的文件。

“我在 2007 年到 2009 年间对房子进行了重建。市政审批的图纸上注明，车道扩宽后旁边的那颗树要移位。但是是房建处和公共工程处的人没有对此事进行任何审核。房子完工后我要扩宽车道，树的移位问题是一个必须解决的问题。我已同市政数个部门提过申请，但是每个部门都要另外一个部门先发出许可，结果造成我永远不可能拿到砍树许可证。此事造成的结果是：

1. 我已不能正常享受新房带来的快乐；

2. 树已经对我们进出车辆造成潜危险，有几次几乎撞上；

3. 如果从车库直线进出，每次都会撞上路边石，已造成数次爆胎；

4. 此树不拔，影响房价，造成我的经济损失；

5. 造成家庭矛盾，夫妻关系不和，几近离婚；

6. 造成家庭成员极大的精神压力和痛苦。

为摆脱上述恶劣状况，我已将树砍伐。

第二天一上班，我马上打电话约见房地产专业律师。碰巧的是律师说他现在就有空。太好了，我说我大概 15 分钟就到。这次请律师是按小时付费，所以我在见到他之前就把要问的问题准备好了。

律师了解完我的情况后告诉我，他们市政工作人员是拿薪水的，对事情并没有紧迫感，所以有些事情推来推去很正常。问题是他们的推诿不应给市民生活造成不便。有些树是不能砍，但也不是绝对的，仍有很多具体情况和条件来决定如何。我问他我的情况是否很严重，是否会被罚款或坐牢。他一听便笑了，说没那么严重。我有我的理由，而且图纸是他们批准过的。我问他能否现在给市政部门写封信解释一下我行为的合法性。律师说目前不必要，因为还不知道市政会采取什么行动。后来他建议让我到市政去一下，再申请一次看他们怎么说。

从律师那里出来后，感觉浑身上下轻松多了。早上清新的空气透人心扉，格外舒畅。律师的谈话让我看到了一线生机，最起码有律师的指点我不至于孤立无援，盲目行事。

说干就干，当天下午我又来到市政的公共工程处。他们听了我的情况后，说我应当找园林处。好哇，你可以推，再推一次磨，我倒是想看一下这次你们要推几圈。

园林处在另外一栋楼，离这里有好几公里，所以我就先打电话谈。

接电话的这个工作人员听了我的陈述后说，就他所知凡是批准过的图纸，上面如果涉及挪树的话，砍树就不必另外单独申请。我一听，怎么和我经历的大相径庭，差别远了去了。

我根本不信，便斩钉截铁地反问了她一句：“你是否百分之百地确定？”然后她说：

“请稍等一下，我再问问我的经理。”

她把我放在候机状态，给我放了一首西班牙斗牛士，接着是德里格的小夜曲。那个叫震撼，先是来一场血淋淋的厮杀，马上转入明月下万般柔情的梦幻……还没听完，音乐嘎然止住：

“没错，我们经理再次确认，是这么回事儿。”

我简直不敢相信她所说的，不是在开玩笑吧！

“请把你的名字告诉我一下好玛？”

“我叫苏珊。”

“苏珊，今天太感谢你了，这事儿对我很重要。今天是 2009 年 7 月 28 日，你和你的经理一再确认，审批过的图纸上如有砍树事项不必单独再去申请许可证。我已经写下来了。”

“你说得太对了，先生，祝你有一个愉快的夜晚。”

放下电话，我简直是懵了，真的再次懵了。法律完善的大美帝国竟然给一个平头老百姓玩儿这个乌龙！

树的事一拖就是两年。

两年之后的一天，我又发现我家门上贴了一张市政来的通知。

又来了，看到这种东西我就发憷，心里紧张，因为这种通知十有八九都没好事儿。通知上列了几条事项，有申请事项、栽树、砍树、修树、回电话等事项。给我的一项是“回电话”。我又仔细看了看纸条，是园林处的，这肯定还是树的事儿，看来不把你折腾够就不算完。

没办法，让你做什么就做吧，躲是躲不过去的。我按照上面的号码拨了过去。对方没人接，只是留言。于是我就留了一句话，让他有空给我打回来。当然了，你不回话也行，如果事情有拖延别再怪我。

第二天园林处的“高级园艺师”史蒂夫来电话了：

“请问是杰旺吗？”

“我是。”

“您好杰旺，我是园林处的史蒂夫，还是关于你家树的事儿……”

有时候事情就是很巧。

从9月到11月初是加利福尼亚州北部秋天景色最美的季节，各个树种竞相开始显示自己的魅力，树叶在秋天阳光的照射下，几天一个样：粉红，大红，紫红，橙黄，蛋黄，浅黄，美不胜收。为了给我家的房子增添姿色，几年前我就种了一棵红树，可惜去年的一次大风把它吹断了，让我心痛不已。为了救活这颗漂亮的红叶树，我在折断的地方仔细进行了包扎，然后在旁边插了一个加固的木棍同它捆在一起，希望到了春天它还能活过来，可惜的是未能如愿以偿。这颗红树虽经我精心照料，不断施肥浇水，树皮虽是绿的，可就是不发芽长叶子。半年过去了，情况不见好转。去年秋天，别的树叶都红了，这颗树没一点动静。我想肯定救不活了，于是就把它拔了出来。拔出来后我看到的情况是原来折断的地方长出一个包，表面光滑，但是没有根须。怪不得不死不活地，真可惜。

今年秋天趁着树叶尚未落完，能看到颜色，我又到附近的苗圃选了一棵红叶树，名叫“爱色－卢布木”颜色有黄有红，很是漂亮。上午我刚把它搬进家，下午就收到市政的通知。

“我家的树还有什么没完的事儿吗？”

“是的，没完……”我一听“没完”，心里马上又咯噔一下，还没完，能是什么事呢？什么时候能了结呢？

“……因为树还没种上。市政要求路边的树砍一棵种一棵，不能空着。”史蒂夫解释道。

“那这事儿由谁来办，又由谁出钱呢？”我急着想知道这底线是什么。心想只要你们别再告我，我出钱把树种上就完事。

“由市政出钱，园林处来办。”

听到这话我又有点摸不着头脑了。这简直又是一个意外，一个没谱的意外，虽说也是一个绝对的惊喜。我有数页的同园林处的电子邮件往来复印件，就种树的事扯了很久，包括让我种树的种类、尺寸，甚至种树的时间。现在所有那些又全部不算了。说实话，这颗树的事我从来就没敢奢望市政会对我发什么慈悲，他们只要不找事就谢天谢地了，从来就没敢想别的。

“那就太感谢了，您对工作真是认真负责。还需要我做什么吗？”出现了想不到的好事，我赶紧拍一下马屁。

“你什么都不必做。”

“哦，真的吗？”

“是真的。”

“那你同我通电话的目的是什么呢？”

“我只是通知你一下，大约四五周以后，我们会来人种树，就这些。”

“太感谢了，您的双手一定会把我们的城市修饰的更加美丽。”

“谢谢，祝你下午愉快。”

“您也一样。”

这还有谱吗？这树的事儿虽然最终有了一个圆满的结局，但就他们这种做事的程序和方法来讲，他们绝对是胡来，一个人一个样，一个部门一个规矩。这我们怎么能搞明白呢？

在经历了这次乌龙事件以后，我开始注意美国基层政府部门是如何运作的。后来我发现他们：

1. 存在政府部门的通病，办事马虎；

2. 文件如山，程序复杂；

3. 有意涉及相干和不相干的部门，你也可以解释为考虑周全；

4. 具体做事人的做事方法差别很大，什么规矩、章法，全有弹性；

5. 让大家都有事情做，而且都很忙，目的只有一个，用美国人自己的话说：“就业保障。”

第十一章

屋主陷入债务危机案例

有这么一个要卖房的客人，住在硅谷顶端社区里。房子位于半山坡，有山景，风景秀丽，环境幽雅。该房的住房面积有 400 多平方米，内部装修豪华，功能齐全，有健身房，家庭影院等，占地面积约 5000 平方米。周围的豪宅平均价在 200 万美元左右。

虽然房子各方面都不错，但是它的位置却有个致命的缺陷：房子比路面低很多，从路上看到的是房子的屋顶。这还不说，更要命的是房子靠路很近，回家时车开下去几乎贴到大门，从屋里出来迎面就是挡路基的高墙。大多数人对这样的状况感觉都不好，觉得太拥挤，更不说如果路基塌陷就有可能把房子埋进去的危险。另外，虽说他家的地大但是斜坡也大，除了种树，想做些漂亮的庭院还真是困难。有孩子的家庭想让孩子骑车跑跑的地方都不多。可是屋主偏偏说他家的位置最好，不但有山景，还有很好的隐私，开车从路上走看不到进屋的大门。

由于房子太大，只有两个人住，况且他们还有另外一栋刚盖好的新房，所以 2005 年房价最高时他们就想把房子卖掉，搬到新房里去。他们曾经同好几个经纪人谈过，后来选了一个把房子上市了。但是当时的市场处于泡沫阶段，上市的价格偏高，（上市价格为 260 万美元，实际市场价应为 180 万到 200 万）。学区也不好，还有上面所讲的缺陷，所以多种因素使这房子始终没有卖掉。

女主人比较挑剔，房子卖不掉总是抱怨经纪人和公司，说广告做得不够，经纪人不够尽力，公司支持也不理想等。总之只要房子卖不掉，肯定是经纪人的责任，而从不考虑其他因素，因此屋主就不停地更换经纪人。可是换来换去没有人能满足他的要求，还一个劲儿地让经纪人在各种杂志上做广告，花了很多钱，全部打了水漂。让他降价，他也不肯，给他解释卖不掉的原因，他也不信。这么一拖3年就进去了。

2008年次级贷款危机爆发之前，这个屋主两口子还没意识到问题的严重性，仍然坚持自己的主张，高价卖房，从不听经纪人们的建议。由于他们在房子价格高涨时用房子抵押又贷出了很多钱盖了新房，而且利息很低，所以可以说已经负债累累。随着他们优惠贷款利息的期限已接近尾声，需要重新贷款，否则利息有可能马上会高上去。因此他们就去申请办理这件事。

令他们想不到的是贷款申请被银行一口拒绝，原因是经济危机正在蔓延，次级贷款机构也已经垮台，按原来标准来申请贷款已经行不通了。男主人的职业是开设计事务所的，属于独立经营者。新规定对独立经营者设得贷款门栏特别高，高到几乎没有人能够达到银行的标准，女主人在家没有收入。这种条件在原来不算什么，只要收入足够支付贷款的月付，信用分数高，总是有银行愿意给贷款的。可是今非昔比，对没有稳定收入的个体经营者如律师、开业的医生、咨询公司、设计事务所、开公司的小老板等，几乎没有银行愿意提供贷款。

2009年，整个房地产行业在次级贷款危机的影响下进入了几十年以来的最低潮。这个屋主的房子也从我们建议的上市价180万美元跌到了150万，已经跌到了屋主贷款金额180万美元以下。当时即便是有人愿意出180万美元买下，除去手续费等各种费用，屋主拿到手里的钱也不足180万。何况在房地产处在最低潮的时候，又有几个人愿意出180万来买这种位置的房子呢？而当时的实际市场价格顶多也就是150万美元。在这种情况下，无论屋主卖什么价，都还不清银行的贷款。这就是目前非常普遍的所谓“短售”，所以屋主的亏损注定了。这还不算完，由于拿不到优惠利息，就只能用市场上浮动利息，这么一来每月的付款就会比原来高出很多。雪上加霜，屋主陷入了严重的债务危机。

祸不单行，经济危机不但使失业率急剧上升，影响到各个行业，也影响到男主人的设计咨询业务。从2009年开始，他的业务量就随着经济危机急剧下降，客户纷纷取消了合同，原来门庭若市的会议室现在变得门可罗雀，收入受到严重影响，到2010年8月屋主已经拖欠了银行数月的款项未付。同大多数遭受类似债务危机的屋主一样，他们很快收到了贷款银行发出的欠款违约通知。根据银行规定，如果屋主在90天之内仍然不能付清违约款项，银行将采取行动将房子收回公开拍卖。

屋主的生活已经被这拖欠的债务全部打乱，精神受到严重折磨，几近崩溃。可是欠银行180万美元确实是无可争议的事实，欠债不还是行不通的，他们也知道。所以无奈之中他们也不得不同银行进行协商，希望能通过调整利息，延长还款时间等方式把每月的付款金额降下来。可是由于利息升高，屋主的收入下降，谈来谈去月付还是在他们能够承担的范围之外。后来屋主就同银行讲如果房子能卖到130万美元银行是否乐意接受，如果同意，他们可以马上将房子放到市场上去卖。银行算过账以后仍然觉得亏损50万美元实在太多，即便是能卖130万银行也不能接受。因为银行知道这个房子如果收回后上市公开拍卖，有可能卖到130万以上，不至于亏损50万美元。

谈来谈去似乎银行没有妥协的余地，屋主感觉同银行打交道非常困难，因为这里面牵涉很多程序和金融业务问题他们的确搞不懂。因此他们通过报纸上的广告，联系了一家自称专门同银行打交道的公司，想通过他们把事情解决掉。随着被银行没收的时间越来越近，他们同这家公司也在进行实质性的谈判。

这家在报纸上登广告的公司是一个多重身份的公司，不但有投资公司专做购买银行屋的买卖，底价买进，装修整理后马上出售，还有自己的设计公司，施工公司等，因此较有实力。近几年该公司从银行手里以低于市场很多的价格拿到很多项目，有办公楼和商业楼，也有民用住宅。在这方面也算是有经验的了。谈判时该公司提出以8万美元将房子买下，条件是他们将还清原屋主所有的180万美元债务，包括罚款。屋主算了一下账，觉得如果把欠债还清的话还可以接受。但是不理解的是他们凭什么能够做到这一点，银行为什么会同意。买主说，就这种状况的房子他们同银行打交道非常有经验，而且做了很多，有办法说服银行，况且他们在银行里也有一定的关系。半信半疑，可是屋主又的确无路可走，便在模模糊糊不知深浅的情况下同这家公司签了售房合同，随后在买方的安排下到过户中介公司办理了过户手续。这家投资公司按协议马上替屋主偿还了拖欠半年的8万美元。

过户手续办完后，夫妇双方那泰山压顶之势的感觉顿时消失的无影无踪。几年来从将军到奴隶那种暗无天日的日子把他们拖的筋疲力尽，几乎压断了腰。这下可好，无债一身轻，如果事情照此发展下去，不但付清了贷款，还净落一栋房子，因为他们盖那个新房的钱也是从目前这栋房子的抵押贷款里抽出来的。

好事多磨。但有时候磨出来的事儿也并非真好。房子“卖”了不到一个月，屋主突然收到一个由原来银行寄来的月付款账单，18,000美元一分不少。屋主一看，大为光火。房子不是已经卖给投资公司了吗，为什么还要找我要钱呢？屋主百思不得其解，马上给买方打电话询问此事。对方的回答是他们同银行打交道办理此事没有那么快，大概也要几个月才能办好。

“可是这账单呢？这每个月18,000美元的账单由谁来付呢？我把房子卖给了你们，你们现在是房主，我们签的卖房合同也很清楚，应该由你们来付才对。你凭什么让我来付呢？”原屋主着急了。

这个投资公司根本不急：“我们为你的事儿研究了很久才同意接手你的房子。你看一下这房子的上市纪录，它挂在市场上都快一年了，从260万美元一路下跌到170万，还是没人买。我们同意接手买下也是冒着极大的风险的。这烫手的山芋如果沾在我们手上甩不掉怎么办？银行如果不同意，不接受那部分亏损怎么办？我们一直在同银行的资产管理部门洽谈，但是事情进展很慢，目前还没有结果，希望你们能够理解。至于那个付款账单，我建议还是由你们来付，再坚持几个月，一旦我们这边同银行的事情办妥你们就可以彻底脱身了。否则银行给你的期限已到，到时候他们来没收房子怎么办？请你们考虑再三。”

原屋主又陷入了困境，立马找回了卖房之前那种当牛做马的感觉。目前这房子到底是属于谁的呢？我明明白纸黑字同投资公司签了卖房合同，并且到产权过户中介公司过了户，可是为什么？为什么？一连串的问号出现在原屋主的脑子里。他越想感觉越不对，越想越害怕。难道这里面有什么陷阱和欺诈？

有时候事情就这么巧。原屋主在几个月前因房子卖不掉把房子从市场上撤下来以后，一直就没再去上网看自己的房子。也不知怎么回事，有一天他就随意在网上浏览，顺便查了一下自己的房子。这一查可不要紧，它突然看到自己的房子标价100万美元正在市场上大甩卖！他们简直是不敢相信自己的眼睛，仔细核对了所有的信息和图片后，没错，自己的房子还认不出来吗？这是在搞什么名堂！

“我同银行谈过，130万美元他们都不肯接受，现在这个投资公司100万美元上市卖，这怎么可能！如果这个价钱卖掉，银行亏的不是50万美元，而是80万。银行有那么傻吗？杰旺，对不起，这事儿还得请你帮忙，给我查一下整个过程是怎么回事。”他找到我说。

客户就是上帝。可是这个客户的麻烦事儿可就多了去了。6年以来他们就一直同我打交道，可是一笔生意也没同我做成。原因就是上面所述，他们根本就不听你的劝告和建议。好在我有我的原则，对要求不合理的客人我的让步是有限的。这个客人就是属于这一类，我不可能完全按照他们的要求去做。尽管如此，几年的来来往往，他们求我办些事情，了解一下情况，我也从来没有拒绝过，因此也就浪费过一些时间。我呢，也没有太在乎，别人有困难求你一下，能帮就帮，帮不了也尽量给个建议。中国人的圈子小，口碑重要。他们也知道我的脾气，从来不会拒绝人，所以一有大事儿就给我打电话。

当我进到系统里查他们房子的时候，突然发现房子已经进入合同，成交了。这就说明房子有可能在100万美元左右卖掉了。同时我还调查了房子所有的过户记录，发现这房子的确有8万美元成交的纪录，而且现任屋主就是目前这个投资公司。我简直不敢相信自己的眼睛，8万美元！世界上竟有这么荒唐的事情，原来曾经上市出价250万美元的房子现在竟然以8万美元出手，这里面肯定有问题或者有什么特殊原因。可这的确是事实，屋主也是这样告诉我的。

这种情况的发生就出现了一种任何外人都不可能知道的怪圈：

1. 任何经过户中介公司过户的房子都在县里的管理部门有记录。从所接触到的文件看，这个投资公司的名子在上面，这说明，房子产权已经合法转移。

2. 正常情况下任何房子在过户时都要把原来的所有债务付清。从文件上看，原屋主180万美元的债务应该是由这个投资公司付清了，否则屋主的名字可能还是原屋主的，不可能过户（除非有信托）。

3. 从记录成交的价格情况看，的确是8万美元成交，远远低于原屋主要求银行接收的价格。

4. 银行既然不接受130万美元，就更没有理由接受100万美元的价格。

5. 如果银行坚持接收130万以上，那么投资公司按100万卖掉后还要从口袋里拿出30万以上来补足到银行要求的数字。难道这个投资公司肯做这笔亏本生意？

6. 房子过户后贷款公司就不可能再向原屋主发送月付帐单。可是银行照发无误。这就说明房子虽然过了户，但是这个投资公司并没有按章法办事付清原屋主的欠款。可是不付清贷款又过不了户。

这简直是太不可思议了。

随后我问了原屋主签字过户的全过程，似乎都很正常，既有过户公司的名字电话，又有地址和合同号。但据原屋主讲，这个投资公司有很多公司，也可能有过户中介公司，而且同银行有着非常“过”的关系。否则他们怎么可能从银行里拿到那么多项目呢？如果是这样，如果这几个经手的关键部门都是他们自己的公司，那么事情发生的几个重要环节都有可能出现瑕疵。因为情况不明，对此我们也只能做一下设想而已。

他们把所有发生的事情都串在一起后，开始忧心忡忡起来，怀疑自己又被拖进了一个他们永远不可能看到尽头的无底深渊里去了。在这种情况下，我想帮忙，可是这的确超出了我的职责范围。但是我建议他们立刻同房地产专业律师联系，寻求法律援助。后来律师的分析和解释大致同我一样。

从目前的情况看，这肯定是一个有问题的交易，情况特殊而且复杂。原屋主完全可以同他们打官司，可按多种罪名起诉他们。但是，请律师是要花钱和时间的。原屋主的经济状况已经使他们潦倒，哪里有钱请律师打官司呢？所以这个问题他们是不会去考虑的。但最令他们担心的是，他们目前还拥有一座约800平米的办公楼，占地约有1700平米。这栋商业楼宇他们已拥有多年，目前市场价也值100多万美元，但是贷款仅有50万左右。所以如果能把这栋楼卖掉，既能收回一部分款项，还能避免银行在追债时把这栋楼也牵涉进去。这是最理想的做法，否则那将是另一场恶梦。

可是这位屋主并没有吸取目前卖房的教训和经验，没有听经纪人的专业指导和建议，根据市场行情进行合理定价，而是始终坚持自己的判断，要求经纪人按自己的理解去做事。结果这栋办公楼在市场上也已经卖了一年多，仍然没有卖掉。虽然楼本身贷款不多，卖不卖都不至于亏损，但是银行追债不是一栋栋独立算账的，而是按负债人的总资产来算的。你一边欠银行180万，另一边卖掉一栋赚了50万，银行会轻易让你把这50万揣进口袋里而不闻不问吗？

最可能的结果是银行会在一定的时候对这栋办公楼采取行动，将其没收，折价拿来偿还已欠的180万。如果这栋楼现价100万，偿还180万后，屋主还欠银行80万。这80万美元的债务将会仍然挂在屋主的账上。好在奥巴马政府对这种状况的屋主颁发了一项新的优惠政策，即凡是于2007年到2012年间被银行收回的房子，屋主所欠贷款公司的款项可以不还，但是所欠金额将被算成原屋主的收入，屋主将为此申报所得税。如果屋主错过了这个优惠期，那这 80 万将会一直挂在他的账上，直到还清为止。

噩梦还是发生了。

随着时间的推移和不断地收到银行的催款通知，屋主的感觉越来越明显，即他们被这个投资公司骗了。法律上讲他们已经办理产权过户手续，房子的所有权已经转移，但实际上他们仍为一栋不属于自己的房子而背着难以付清的债。万般无奈，屋主只好再次请律师帮忙。

律师看完所有的文件后，说这是一桩诈骗案，并发现投资商和产权过户中介公司同属一家公司，并且在过户的时间上也有违规之嫌。律师还告诉原屋主，目前来讲，已经过户的房产证可以说是一张废纸，因为，贷款银行只认欠债人，而不管房产证上如何写和写谁。这就是为什么银行一直给原屋主发账单要求付款的原因。房产证可以无数次地转换屋主，更换名称，但那和贷款银行没关系，因为银行只关心谁把它的钱借走了，而不管他是谁，只要借款人不还贷款，银行就会来没收房子。

“杰旺，我还得求你帮忙。”有一天原屋主又给我打电话。我问他什么事儿，他把上述发生的事情给我讲了一遍，然后问我能否给他订一份“产权报告书”。

“我原来已经为你看过这个报告书了，上面的屋主名字就是买你房子的投资公司，成交价格就是 8 万美元，成交日期是你们签字的日期，没错吧？”他说是。

我告诉他，这都是一个字——“钱”惹得祸，双方的做法都值得探讨：

1. 原屋主想把房子转给别人，过了户，房子甩掉了，债务也就跟着转移了。可是事与愿违，这个投资公司不那么好对付。他们答应的很好，嘴上说是在为屋主解困，实际上是在为自己谋利。他们拿到了房产权，但是并没有为此付清债务。

2. 他们的做法是，先给屋主一些甜头，替屋主付给银行 8 万美元，让人觉得有利可图，然后，通过信托合同他们把房子的所有权拿到。银行在收到拖欠的款项后，会马上停止回收房权的程序。与此同时，投资公司就利用这段时间抓紧把房子放到市场上大甩卖。

3. 投资商同时在做两件事：一是以低价吸引买主，二是拿到合同后就同贷款银行谈，让银行来接受这个低价。投资公司的算盘打得挺好：投资 8 万美元，买下 150 万美元的房子，然后 100 万美元上市，拿到合同后再利用自己的关系同银行谈价钱。

投资公司的如意算盘是在赌博，这个赌注就压在银行身上，即只要能够说服银行接收成交价，投资公司肯定稳赚不赔。设想一下，投资公司仅仅用了 8 万美元就拿到了百万房产，别说卖 100 万，就是卖 50 万，他们也赚 42 万。巨大利润诱惑便促使他们铤而走险，先通过信托拿到房子（这一步已经成功），然后就在银行身上下功夫。

有能力开银行的人在处理钱的问题上肯定有高出常人的技能。贷款银行从开始审查贷款人的资格，到发放贷款给贷款人，跟踪贷款人的付款纪录，直至贷款人的经济状况和违约状况，银行都掌握的清清楚楚，并知道如何应对。这个投资公司号称在银行里有过硬的关系，可以通融价格，但他们不一定清楚这个最终价格的决定权是由谁来做的。他们认识的人是否有价格决定权，权限有多大，也都是不确定的因素。外人更不可能有左右银行做决定的能力。况且，银行内复杂的价格审批程序轻而易举地就会否定一个他们认为“低于合理价格”的合同。

投资公司在甩卖房子时收到的合同才 90 万美元，因此，上报银行后银行连看都不看就被否定了，根本就没有进入正常的审理程序。

事到如今涉及本案的三方没有一个是赢家：

1. 银行：

贷出去的 180 万美元目前看来是回收无望，但是他们仍然有房有地。留着青山在，不怕没柴烧，银行就是卖掉这一英亩风光无限的青山，也值个 100 多万美元；400 多平米的大宅子，市场正常的时候少说也值个 100 多万，眼下大势事不好，最少也值 50 万美元吧。因此，这个投机商报来 90 万美元的买房合同纯是无稽之谈。

当然，银行的亏损是市场造成的，并非自己的经营问题。在这个具体问题上，银行还是捞回 8 万美元，也不能说是彻底的输家。

2. 投资商：

潜在的高额利润使他们有些忘乎所以。以小搏大，他们肯定原来也做成功过，但是这次栽了，用付给银行的 8 万美元只买了个靠不住的“房产证”。真是赔了夫人又折兵，白送给银行 8 万美元不说，他们还要吃官司并可能败诉。

3. 原屋主：

更是惨不忍睹，让这个投资公司给折腾得够呛。投资商付给的那 8 万美元是给银行的，并没有进卖方的口袋，因此原屋主一分也拿不到。为了这8万美元，他们丢掉了房子所有权，但仍然还要为房子负债。这种赔本买卖似乎很少人愿意做。至于投资商的违法行为，这的确是一个非常难缠的纠纷，属于灰色地带，一方面他们可以告投资商，八成会赢；另一方面，因为他们毕竟在过户文件上签字了，放弃了产权，所以胜算的几率也不是十拿九稳。况且，被投资商这么一折腾，他们又多耗了半年的时间。

现在看来，银行将房产没收是肯定无疑的了。从现任屋主投资公司的角度讲，他们肯定不会为了保住房子而规规矩矩地每月按时给银行付款，因为他们只想翻手赚一笔了事。从原屋主的角度讲，暂不说他们已经付不起，即便是有能力付款，他们也不会付，因为房子的产权已经转移，不再是他们的了。所以这种已经没人再去承担责任的房子，只能被银行拿去。

“我要是知道银行没收房子是必然的结果，何必当初请那个投资公司来帮忙呢？他们拿走了产权，债务还留在我身上，又耽误这么长的时间，他们是个实实在在的骗子！”原屋主越说越生气，恨得咬牙切齿。

至于他们目前所自住的那幢豪宅，好像美国有规定，即便是屋主宣布破产，屋主仍然可以留一栋自住而不被没收。谢天谢地，曾经拥有万贯家产的这家虽已接近穷困潦倒，但还不至于露宿街头。

如果说美国是个法律完善，规规矩矩的国家，有它的道理。可是我要提醒国内来的投资者，再规矩的国家里也有坏人，而且文明国家里的人坏得更“文明”，手段也高明，他们常常给人以假象。在我们中国人眼里，传统概念里的坏人形象都不好，形象好的大概都不坏。这在发达社会可不一定，道貌岸然的犯罪者有的是，而骗术更高，欺骗性更大。

所以在美国由于语言障碍和做事习惯不同，对当地的法律又缺乏了解，应尽量避开同陌生人和公司打交道。办大事应找专业人员，以避免不必要的麻烦。

第十二章

买银行拍卖房屋案例

近几年由于美国次级贷款银行业的崩溃而引发的美国金融风暴，使很多家庭受到不同程度的影响，其中有房产的家庭受创最重。很多房子的屋主出于各种原因付不起贷款，致使房子被银行没收。因此近两年来美国房地产市场出现了很多被银行没收的房子。

房子被没收的原因很多，部分是由于离婚、破产、贩毒、失业等原因造成的。风水师们按照他们的程序和经验认为这类房子风水都不一定很好，虽无确切科学依据，很多人也是深以为然。可是当这类房子的价格低于市场价很多的时候，多数买主和投资者就很难抵挡得住价格的诱惑。正因为如此，银行屋市场一直很好，而且经常有竞相报价抢房的情况。加利福尼亚州的银行屋市场最低的时候是2009年，2010年以来，价格已经开始回升，好学区、好社区的房子回升得还更快。

买这种房子要有一个心理准备，即你买的房子可能有问题，至于是什么样的问题，只能从各种检查报告或其他渠道去了解，如从警察局了解周围的犯罪和治安情况，从校区了解学校情况，请专业检查公司检查房屋状况等。由于屋主是银行，而银行是豁免对房子提供部分房屋状况文件的，所以正常由屋主提供的房子状况问答文件是不存在的，银行从来没有在里面住过，他们根本不知道状况。

另外，银行的房子除了接受常用的房地产合同外，一般另有一份银行自己准备的合同，称作“补充文件”。这个合同有的会很长，更详细地罗列了很多条款，有的比较苛刻，甚至会让买方感到不合理，比如因买方的原因推迟过户的话，每推迟一天罚款500美元左右等。银行的这个文件是不可谈的，所以买方更应当把这个文件看清楚，马虎不得。

一、反悔期内的“树桩”事件

我的一个客人在硅谷上班，但家住在开车要一个小时以外的地方。因上班离家太远，他们要在硅谷买房子。买主在看了很多房子之后，喜欢上了一栋银行没收的房子。该房有约 200 平米的居住面积，占地约 1500 平方米，两层楼，依山而建，有风景，位于著名社区和顶尖学区里，走路可以到充满欧洲风味的小镇中心，5 分钟可以开上高速公路。周围类似房子的价格在 150 万美元以上，顶级豪宅价格可达数百万美元（数千万人民币），但这个房子才要价 130 万（850 万人民币），因为房子状况不太好，需要装修，又是银行的房。

经过几轮讨价还价，我的客人最终以 116 万美元（约 750 万人民币）成交。买方很是高兴，既进了好学区、好社区，又买在了预算价格之内。虽然房子有要修的地方，考虑到装修总是难免的，所有的问题都可以在装修时搞定，所以个别毛病也能接受。现在低价买进，等市场回来后，升值是肯定的。

合同成交后，买方进入调查房子的阶段（10 天的反悔期），在此期间，买方应该对所有他所关心的问题进行了解，阅读并在卖方提供的房屋状况文件上签字，对他认为有必要的项目进行检查。检查项目很多，屋顶、烟囱、地基、白蚁，但这个买主仅选择了房屋检查。房屋检查一般是对房子里里外外，上上下下全部检查一遍，如有更严重的问题，房屋检查员会建议另请专项检查公司进行近一步检查。

在以后的几天里，买方继续阅读卖方提供的文件。如上面所说，因为卖方是银行，他们从来没有在里面住过，因此免除提供房屋状况文件。但是环境和地理报告是有的，里面显示出该房子所处的地理位置是否在地震带，火灾区或环境污染区等。

买方看完所有这些文件以后，感觉还不错，虽然是位于地震带，可是有谁知道地震何时发生呢？况且，这里的高档房社区都在山边附近，也都在地震带上，比这所房子更大、更贵的房子多的是。上千万美元（上亿人民币）的都有，别人都不怕，我们也没什么可怕的。大不了再买一个地震保险就是了。因此，买下这个房子基本上没什么大问题。

买方甚至还问是否在过户之前做一些修理或搬些小东西进来。我告诉他这是绝对不行的：首先，产权尚未转移，房子不是你的，在这种情况下就开始使用别人的房子不合适；其次，这里有一个责任问题。比如，在你搬东西进来以后，发生了火灾，把房子给烧了，这责任算谁的呢？卖方完全可以把责任推给你，说是你的原因造成了火灾。再次，此间如果发生偷窃，门窗破损，人员受伤等，这都是些非常难解决的纠纷。（在美国，你如果在别人家里受伤，你一定要告屋主。但是这种告不是普通意义上的恶意上告，而是为了医疗保险而告。你要想让保险公司支付医疗费，那就必须申诉你受伤的原因，这就要把屋主扯进去了。）

在反悔期的第8天，买方说再去看一下房子，考虑一下如何装修并量一下尺寸，我就带他们去了。房子里面看完后转到后院，突然发现房子外面木台子的栏杆断了一大截。我们赶快走过去想看个究竟。当我们走近的时候，大家都被眼前的景象惊呆了：一个硕大无比的树根赫然躺在木台侧面，树根的直径约有一米，加上相连的主树根和小树根，整个占地面积直径将近5米之大！可以说，有20个人也抬不动它。然后我们随着树根划的痕迹望去，只见原来整个被茂密的灌木所覆盖的山坡上出现了一条足足有5米之宽裸露土地，直通山坡上，足有15米长，在裸露土地中止的地方出现一个大坑。很明显，有人把树砍倒之后，又连根拔起，从山坡上推了下来。

这是谁搞得呢？有几个重大问题令人费解：①谁有这么大的胆量随意砍树呢？在美国，很多树是得到保护的，比如橡树在加利福尼亚州，不管大小都不许砍。如有特殊原因必须砍树，也要先向市政部门提出申请，拿到许可证后才可以砍。否则，无证砍树的最高罚款可以达5万美元（38万人民币）。②谁有这力气来砍树呢？这棵树直径大概有半米，高约20米，若没有几个人帮忙干上一天，一两个人是干不了的。③在美国不经屋主允许随便到别人家的院子里是非常危险而且犯法的事。如果被屋主看见，他可以开枪将其击毙。那又是谁敢冒这么大的风险闯进来砍树呢？如果是小偷，悄悄地拿些东西走，也有可能，但是如果来上一帮壮小伙，拿着工具明火执仗地前来砍树，这动静也太大了吧。简直是有点不可思议，这么大的破坏面积，难道是外星人所为？

我们开始议论起来，分析来分析去也搞不清到底是谁干的。买方当然是不太高兴了，突然出现这么大个树根，想弄走它还得花钱请人。这还不说，还得修篱笆墙和木台子，又是一笔费用。这些突如其来的开支从哪里来呢？买主当时没有发表太多的想法。晚上回家后他给我打电话来，说这树根的事应当由卖方来负责，理由是我们当初看房子的时候没有见到这个大树根，这是在合同成交以后发生的，所以应当由银行（卖方）负责。我问他，那你有什么要求呢，他说最少要两万美元（13 万人民币）的补偿费，用来清理树根，修理挡土墙和木台子，否则这个房子他就不要了。我说我可以尽力去谈，但是很难保证你一定能拿到两万，因为我们的合同签的是“现状采购”，你所看到的就是你买到的东西，银行既不提供任何担保，也不对房子的状况做任何修理。

第二天，我就同银行的经纪人谈判，把上述出问题详细地告诉给他们，并提出我们的条件：即请银行退给买方两万美元，用于处理树根和因树根造成的破坏。卖方经纪人就把我写好的文件送交了银行。

银行这些人也不是太好打交道。首先，它不是单独的一个人，而是一个庞大且臃肿的金融机构。你想找一个固定的人有时还真找不到，即使是通过经纪人；其次，他们决定事情没那么快，不是请示就是汇报。他们收到我们的要求后，等了两天才有答复，结果是我们提出的要求被拒绝了，这两万美元不能退。理由是他们卖的房子是“现状出售”，如前所说，他们既不提供任何担保，也不对目前的不良状况作任何的修正。买方得知后很是失望，仍不甘心，想方设法让我再同银行交涉。我很明白，买方很想要这个房子，因为在这一带根本找不到这种价格的房子。

作为买方的经纪人我很清楚，现在是变相讲价的最好时机，因为我们还在反悔期之内，如果卖方不同意我们的条件，买方可以退出合同，定金还可以拿回来。所以我们完全可以利用这个机会向卖方重提条件。如果银行真的不答应而使合同作废，这对银行也不是很有利。他们忙了半天成交的合同又黄了，还得把房子重新上市卖，谁也保证不了再来一个买主出的价格比这个高。但是，我也不能保证就一定能谈下来。最终的可能性就是双方各让一步，达到一个都能接受的妥协。

话可以虽是这么说，可是如果银行也坚持不让步，双方真的僵持不下，这合同还真是有点儿悬。合同黄了倒也不怕，可是，目前要再找到像这样各方面都合适的房子目前还真找不到，最起码没有这个价。客人买不到房子，他的工作，小孩上学都是问题，那我搞了这些天也做不成生意。为此我就先告诉卖方经纪人我们的要求，让他给银行再商量一下看可能性如何。没想到银行又是一口拒绝。这下可把买方搞懵了，看来银行还挺强硬。在这种情况下，我只能尽量说服买方。

当我把所有的情况和利弊关系给他讲清之后，他逐渐开始考虑我的建议，同意不再坚持两万美元。为了保住房子，我同买方商议决定只要一万二的赔偿款。随后我按买方的要求又写了一个补充文件，向银行要一万二作为赔偿。同时我们也给银行提出了一个对他们有利的条件做为回报，即如果他们接受了赔偿条件，买方可以马上取消反悔条款，而无条件地执行合同。

我给银行不但解释了买方的财产、工作状况，还介绍了买方的买房背景，并告诉他们买方是有经验的买主，比较了解程序，而且容易打交道，信用史也很好。通过几次说服，银行认为这样的好买主也是难得。同时他们也感觉到，再不积极配合的话，买方还真有退出合同的可能。最后银行同意了买方的要求，买方马上在“取消反悔条件”上签了字。

合同走到这一步，买方已经没有退路了。就是说，买方在规定的时间内，对房子的各种情况都已调查了解清楚并予以接受。在这种情况下，如果买方再提出退出合同的要求，他的定金（3%）将不退还。

买方对得到一万二的退款，还是比较满意的。下一个问题就是这个钱如何拿到。因为一般情况下，贷款银行对卖方给买方的退款都很敏感，因为这可能会引起贷款银行对房子的真实价格产生怀疑。所以一般正常的买卖合同牵涉到卖方给买方退款，金额都很小，大部分不过几千而已。即便如此，有的贷款银行也不允许退。在这种情况下，卖方就得想别的方法。这次的卖方和贷款银行都是一家（美国银行），所以情况会相对容易。最后，这笔由卖方退的钱就算在了房价上，等于在成交的价格上又降了一万二。

二、关于地界的争议

一波刚平一波又起。

美国买房子的过户周期一般是30到40天左右。到目前为止，我们这个合同离过户还有十几天。因此有一天，买方全家怀着愉快的心情又来到房子这儿，想再仔细看看这个即将成为他们家的可爱的房子，并到周围熟悉一下环境和学校。

他们进到房间，来到二楼，不远的峦峦青山尽收眼底。透亮的天空、阳光、清新的空气，那感觉真让人舍不得离开，恨不得马上就搬进来。在客厅，他们合计着如何摆放家具，如何放电视等。在主卧室，两口还设计着以后如何把面山有景的部分加出个木架阳台出来。那样的话，风景将会更加广阔和绚丽多彩。想到不出 200 米就可来到充满浓郁西部风格的小镇上尽情地散步，或坐在火红的枫树下，要杯清茶或咖啡什么的，那才叫生活和十足的浪漫。

再看看邻居们，每家都是那么整齐、干净，绿草茵茵、鲜花怒放。左手的邻居正在整修外墙，工人们在做木工，有的在油漆。这家的房子位置还高一些，风景肯定还会更好，那房价格就更不用说了。后面的邻居也在较高的位置上，因为有茂密的丛林和灌木，只能看到房子的一部分。不用想，它也便宜不了。右侧的邻居正在盖房，好家伙，这工程可是够大的。

这家的占地面积约有 3000 平方米，斜坡而上，整个房子建筑面积约有 500 多平方米。因有山坡，同路平的底层是车库，二层是主客厅、书房、餐厅、活动区等，三层是卧室、健身房、娱乐室等，室内有电梯直通各层和顶层阳台。所用的材料、冷暖、照明设备，全部符合最新型环保标准，用水、用电全部自给自足。整个房子等于是劈山而建，靠山的地方全有重力混凝土挡土墙所围，看上去坚固无比，真不次于碉堡。

“我这房子，整个山坡如果移动，它也岿然不动！”名叫奈特的屋主自豪地告诉我的买主。买主问他为何如此坚固，他说这挡土墙非同一般，大约有 100 多个 8 米长，直径 20 公分的水泥柱子，横插进山体，像钉子一样扎进去，非常牢固。另外还有一些高科技玩意儿：像各个房间根据自己需要自动调温调湿、报警、监视系统，家庭影院等，样样俱全。听他近乎动情地描述着他的杰作，真像是在听一个美妙的童话故事。我给他大概估了个价，这种规模、建筑标准，顶尖学区加上风光无限的山景，建好后市价应该在 400 万美元（2600 万人民币）左右。

买主想，有这样的高档别墅作邻居，的确赏心悦目。况且，如果自己也把房子改造一番，虽说同邻居比不了，但条件也会大为改观。有这个豪宅相称，以后自己的房价跟着上涨必定无疑。他越来越觉得这座房子买对了，值！

在观赏邻居工地的同时，买主突然发现工地有很多东西超过了临时铁网的界限，放到他这边来了。看到这些，买主立刻有一种主权被侵犯的感觉。他立即向奈特发问，说为什么工地把建筑材料放到了他这边来了。

奈特听到此话略微一震，马上说道："你在说什么，这是我的地方我为什么不能放？这个临时铁网不是地界，我们的边界线是在靠你家木走道的旁边，离这个临时铁网还有 3 米远。"

买主听后有些不知所措，然后反问道："我买房时就见到这个铁网在这儿，我想这就是地界线。现在你说这不是，你的根据何在？"

奈特说："当我买下这块地要建房的时候，我做了土地勘测，根据县里的纪录和勘测结果，地界就是这里。"他指着两个插入地下的铁棍地标："如果把这两个地标中间拉一直线，地界就仅靠着你家现有的木头走道。"

买主听到这些，心里很不爽，明明那个铁网就是地界嘛，怎么突然间又朝我家的方向靠近 3 米，这损失也太大了。可是他转而一想，奈特是经过地界勘查得出的结论，而他只是看到一个临时铁网，就要以次为地界依据，似乎说服力有些欠缺。买主然后支支吾吾地嘀咕着，怎么会这样呢？可是他一时又找不到更有说服力的根据。为了不至于尴尬下去，他后来就说："这样吧，我去找我的经记人证实一下，看是怎么回事，然后我们再谈。"

话说到此，双方都感到稍有不快。为缓和气氛，奈特就随便聊了起来，问道："你为什么买这个房呢，你知道吗，这个房是有问题的，别人都不要，你为什么要呢？"

买主说："每个房子大概都有问题，银行的房嘛，便宜些。"

后来买主觉得有些不对，这奈特的话里似乎有话。他就马上追问过去，说："奈特，你说这房子有问题，你指的是什么问题呢？"

奈特说："你还不知道啊，这个屋主原来是个毒品贩子，他就在这屋里种大麻，然后贩毒。几个月前的一天早晨，凌晨 5 点钟，突然来了约一个排的全副武装警察，上去就把这个房子给包围起来。他们破门而入，将里面所有还在睡梦中的人一网打尽，戴上手铐，压上警车全部带走了。警察非常利索，所有的事情就在几分钟之内发生，除了闪光的警灯，没一点动静，但很多邻居都看见了，不信你可去问问邻居。当时的报纸都登出来了。"

买主简直是不敢相信奈特在说什么，他似乎对这突如其来的新闻给炸翻了！地界的事还没整明白，他又爆出这么个今天的头版头条！

买主真希望他是听错了，为了证实这个错误，他又很严肃认真地反问了奈特一遍："哎，奈特，你说的当真？这屋主原来贩毒？"

"嗨，不信你去问问邻居，或去警察局打听打听。"

买主又一想，不对，凌晨5点，他怎么看到的！

"奈特，怎么，你早晨5点就上班了，为什么这么早呢？"买主还是不敢相信这是真的。

"噢，夏天我们总是这样，早上凉快，多干些，中午最热的时候我们就多休息一会儿。"

买主的心情在几秒钟内完成了一个实实在在的自由落体，那情绪简直是坏极了。怎么会这样呢？怎么这些倒霉事儿都落在我头上了呢？几分钟之前刚刚由设计好的美妙远景而带来的愉悦心情当即被这突如其来噩耗一扫而光。

晚上7点多，我接到一个电话，是买方打来："嗨，杰旺，我今天又看那栋房子去了，一切都挺好，我也同盖房的邻居见面了，他给我聊了些事情，还有屋主的情况，你都知道吗？"我说我不知道。"那他都给你说些什么呢？"我问了他一句。

他把上述的情况详细地给我讲了一遍，最后说，先谈地界的事儿。他解释道："我买房子的时候是按照我看到的东西买的，当时看到临时的铁网我就认为那是地界。现在邻居说那不是，真正的地界是紧靠我家的木走道。如果是这样的话，我不就吃亏了好几米的土地吗？"

我说："这个问题应该不复杂。原来你的邻居是一片空地，没有明显界限，几十年都没人动。周围的几家邻居都有可能在种花草或修便道时，有意或无意地向外移了些，蚕食了邻居的地。但这并不能说明，被蚕食的地方就是合法地界。现在这空地要盖房子，主人很自然要把这块天然空地的地界搞清楚，才能盖房。所以他把地界通过专业人员进行了勘察，定下地界。这个界线应该是合法的，所以应该以此线为准。"

买方说："那不行，如果是这样，银行应当给我赔偿。"我问他为什么，他说："银行把不清不楚的东西卖给我，这是一种误导。"我说："这不能说是误导吧？我早就把你这个房子的官方地界图给了你，那上面有房子地界的尺寸。只要你的尺寸够，不就行了吗？""那不行，是银行给我的错觉，让我失去了那部分土地，银行当然要为此承担责任，给予索赔。"

我继续给他解释："银行给你索赔什么呢？你如果觉得地界有误，我们也可以请人来勘查定界，如果测量的结果跟实际尺寸出入很大，我们就有理由提出要求。到那时，我们有根有据，再同银行谈就主动了。你想进行土地测量吗？”

“要测量也要银行出钱做，这是银行的责任。顺便问一下，加利福尼亚州买房都不进行土地测量吗？”

“没有，除非地大或者界限不清，或要盖房子，才会测量土地。”

“那你就去跟银行谈一下试试，看他们愿不愿意进行土地测量。”买方很强硬地说。

我说：“这事情其实很简单，既然邻居已经做过测量，有了地标，那我们也就有参照物了。我们以此为准，按我们的尺寸量一下，你这地到底亏不亏，不也就知道了吗？我当然可以去跟银行谈，如果银行不愿意呢？”

“那就让他们陪款，或再降价。”

我已无言相对。我也不能对买方的强烈要求进行坚决抵制。我明知道银行是绝对不可能做这件事的，再重复地给他解释，结果注定可以预见。我感觉应当立即停止同他进行这种有意义，但永远不可能有使他满意结果的对话。因此，对买方的坚持我也只能随他去。

三、缺失信息造成的纠纷

“另外还有一件很重要的事，邻居说原来的屋主是毒品贩子，这事你知道吗？”然后他就把听到的原原本本给我叙述了一遍。

看来今天晚我注定要再来一次久违的失眠了。

这事儿可非同小可，但我还真的一点都不知道，卖方的经纪人也不知道，银行更是，否则他们必须要告诉我，这是非常严肃的事。在美国房地产行业里，凡是涉及影响买方决策和购买欲望，影响房子价格和销售的所有信息，都认为是“铁定事实”，屋主绝对应该写在文件里显示出来。否则一旦发现，卖主会引起法律纠纷，经纪人会受到惩罚，任何隐瞒实情的一方都会有麻烦。

我告诉买主，此事就我们接触到的文件来看，的确没有记录。那我们凭什么相信邻居所说呢？

买主说："这个邻居说得非常肯定，而且说整个社区都是知道的，报纸也登过，应该不会假了。"

既然如此，这里发生过这么大的事，警察局肯定有记录。因此我建议他从警察局了解，买主也同意。但是那是一个周末的晚上，警察局也不一定上班，可是我建议他还是打个电话，也许能问到些情况。

"假如调查情况属实，邻居讲的事的确发生过，那你决定怎么办？"此时已接近午夜，我也想尽快让他把最想讲的话说出来，把最想要得东西告诉我。

"这两件事加起来，银行最少也应该赔我十万美元！"

我一听，睡意马上被赶得无影无踪："十万？这数有点大了吧。你觉得银行就凭邻居说这么几句就会轻易给你十万美元？"我真想告诉他，这个梦想是很美好的，可你也不能把银行当成你家的提款机吧！

星期一早上一上班，我立即和卖方的经纪人罗茜通了电话，把情况跟她讲了一遍。她首先是感到出乎预料，怎么这么大的事她却从来也不知道；其次，她觉得我的买主有些过分和无理，理由是买主应该在规定的 10 天反悔期内把所有他所关心的问题搞清楚。现在时间已过，原则上讲他是没有任何理由再提出条件的。即便是他提出中止合同，也不会那么利索，还牵涉到扣押定金的问题。

"这个过分的买主，先是树根的事，银行已经被敲走一万二，现在又是地界的问题，又是卖方贩毒问题。这真是一而再，再而三，还有四吗？这么搞下去，银行也没底了，何时是头呢？除非过了户。"卖方经纪人显然很不愉快。

可是我这个买主就是这样的态度："银行不退钱，我就不过户，这房子我不要了。"

尽管客人的要求不一定都合理，但我还是要为我的客人说话，给我客人的不合理的要求找一个合理的解释，这是职业准则。不过这样一来我就比较尴尬：明明知道买方的要求违反合同，还要硬着头皮去给卖方谈，还冒着被别人误解为我是个外行的风险。那我为什么要这么做呢？原因只有一个，就是拖延时间，给买方更多的时间去思考，去想一想他有可能想到的各种选择，或者能够发现自己有什么地方不对。

与此同时，我给他推荐了一个房地产律师，建议他付上一个小时的咨询费，详谈一下，这样就知道在他这种情况下应该如何应对，退出合同，因为买方目前的状况几乎踩上合同纠纷的红线了。买方后来采纳了我的建议找了律师。但是他没有找我推荐的房地产专业律师，而是他公司的律师。谈的结果是，律师告诉他，如果他坚持这么做，也可能不会全输，但是也赢不了。最可能的结果就是两败俱伤。

通过协商，买方改变了要十万美元的想法，提出了第二个补充合同：

1. 卖方负责进行土地测量；

2. 卖方向买方支付八万美元，用于补偿对房主情况的隐瞒和地界尺寸的误导。

银行收到这个文件后，感觉此事已非同小可，马上派出资产管理经理和相关人员赶到现场进行调查。他们的经纪人也一起去了。

碰巧的是，盖房的邻居也正好在。这个银行的资产管理经理单刀直入，上去便问，连美国人最基本的寒暄都免了：

“你就是屋主吗？是谁告诉你那些动听的故事的？”

邻居说：“没有人告诉我，是我亲眼看到的，我的工作人员都知道，邻居也都知道……”

他把这段自豪的经历又有头有尾地叙述了一遍。银行这帮人听傻了眼。这可是真的了，虽不能说是当事人的第一手资料，可他的确是现场目击人。这已经成了房地产行业里必须给买方揭示出信息：铁证事实。而这个事实我的买主原来根本不知道。银行庆幸的是买方是在反悔期之后才知道的，所以银行完全可以不负“隐瞒铁证事实”的责任。

双方谈话不太愉快，都感到已经没有继续谈下去的必要了。在经理就要走开时，一转身，发现房子墙脚下的水龙头连着一个水管，直通邻居的工地。

经理一看，立刻火冒三丈：“你为什么偷我的水？这太过分了吧！”

“这不是偷，是屋主让我用的。”

“谁是屋主你要搞清楚，我美国银行是屋主，我怎么不知道？”

“就是那个买房的屋主嘛，他告诉我说用吧，没问题，那我就用了。谁知道你们谁是谁？”邻居也快发火了。

“那人是个买主，但是房子还没有过户，他还不算是真正的法定屋主，知道了吧？”

说完之后，经理上去把水龙头给拧下来了，说：“别以为银行的房子没人管，谁都想来占点便宜！”

她嘴上这么说完，心里却仍在倒腾：这个买主，还没过户就开始冒充屋主来了，刚刚因为树根的事卡走我一万二，现在又来慷我银行之慨，肆意放水，获利小人，实在过分。

随后这批人察看了地界，他们确定看到了勘察公司设下的地标，也看到了我的买主提到的临时铁网，心里就有数了。他们来一次也不容易，所以视察完了外部环境之后，顺便就打开房门进去看看房子。这一看又出问题了。

房子里倒还没什么不正常的，但当他们打开车库的时候，突然发现本来空荡的车库里堆满了很多大大小小的各种盒子，墙上的简易货架上也放了些不知做什么用的瓶瓶罐罐。这堆东西足可装满一个小型卡车。

这位资产管理经理的反应就不用说了，她觉得这是太不可思议了，除了觉得我的买主做事越来越出格之外，也对我这个经纪人的责任心感到莫大的怀疑，认为肯定是我把门锁的密码告诉了买主，让他们在过户之前搬东西进来的。气愤之余，她感到的更是一种责任和因此而可能引发的事故的潜在威胁。如前所述，这种在过户前就搬东西进来的做法是绝对禁止的。可是我们个别中国人就是不把他当回事儿，总是认为能有什么呢？这种想法非常错误而且可怕，其恶果是，一旦因此而出现问题，所有的人都会被牵涉进去，但又没有任何人有能力承担得起这个责任。

他们回去后，立即对我们第二个补充文件的要求给与了特别明确的答复：全部拒绝。

他们的经纪人也马上给我回了电话：

“嗨，杰旺，银行是不会再同意你客人提出的任何要求的，你的客人如果想退出合同，他可以这么做，但是定金估计是拿不回去了。银行实在是被他折腾够了：先是树根的事，银行给他退了一万二，然后他又提出地界的事，贩毒的事，向我们要八万，现在又违反常规在过户前使用他人财产，过几天不知道他还会折腾出些什么名堂来呢。你想想看，银行怎么能够根据邻居的闲言碎语就决定退他八万美元呢？这八万美元肯定是没戏的，堂堂美国第一大银行可能让你一个买主牵着鼻子走吗？当然，屋主贩毒的事我们可以信，可他如果想了解这方面的问题也应该在反悔期之内充分了解嘛，我们又不是没给他时间。他现在以这个问题来要钱，我们是否可以理解为，给他退些钱，他是否就可以消停了，而他所提的问题是否也就不是问题了呢？”

为了我的客户，我只有装作不懂，同她辩解：“可是贩毒的事情是在反悔期过了以后我客人才发现的，要不是邻居，我的客人可能永远都会被蒙在鼓里。同房子有关的事情那么多，买方怎么有可能把所有的事情全部调查清楚呢？”

“那就是你客人的事了。他对什么关心，想调查什么，完全由他来定，合同里也有提示，这不能责怪谁吧？顺便问一下，是你把锁的密码告诉他的吗？”

“这怎么可能。”我说。

“可他是怎么知道的呢？”

“我们进出房子那么多次，我开锁关锁时他都有可能看见密码，那把锁又不是太好使，我按上几次有时也没反应，嘴里也许还念叨着密码号，他当然有可能知道了。我跟客人交待得很清楚，过户前不要搬任何东西进来，不要做任何事情，但是买主没有听我的建议，还是在有空的时候顺便搬了些东西过来。因为他现在住的地方离上班单程开车要一个小时，但这里离上班的地方却很近。”

最后，她说：“银行的资产管理经理说了，这些东西要马上搬出去，越快越好。此事也惊动了我们经理，他也正要为此事给你们经理打电话呢。”

过不几分钟卖方经纪人的经理就给我们的经理打来了电话，提到买主如果退出合同有可能造成的违约纠纷问题。我的经理马上把我叫来进行3线通话。谈的结果是：第一，立即将车库的东西全部搬走。立即的意思就是“现在”。第二，执行合同，在贷款文件下来后，签字过户。我说可是我的客人正在上班，来不了啊。我的经理说，算我的买主走运，因为屋主是银行，而不是个人，他们可能不会太强硬，否则卖方随时可以通知警察局，完全可以立下“私闯民宅”的罪名而勒令买方立即搬走。

放下电话，我赶快把同经理们的交谈告诉了买主，我们的第二个补充文件已被拒绝，银行不会再同我们谈任何条件了。另外，搬进车库的东西也要马上办出去，现在就搬。

买主说：“如果是这样，那我可能考虑退出合同，因为我所关心的问题的确很重要。地界损失以后再说，可是，贩毒这个事对我影响可能更大些。假如说我搬进去以后，那些吸毒的人还不断到我家来买大麻怎么办？那我这日子可怎么过？这是非常不安全的。”

我说："是啊，这的确是个问题。但是买毒品的人首先不会很多，其次他们来过的如果买不到，以后也就不会再来了。这样的话，人会越来越少，慢慢也就好了。另外，你一定要养条狗，就会更安全些。"

后来我问他是否从警察局那边拿到更多的情况了，他说是，警察局说，那个房子的确有此事发生，但是他们也只能说到此为止，详细情况不便泄漏，这是为了保护当事人的隐私。买主后来问是否能给一个书面文件说明一下当时的情况，因为他是将来的新屋。警察局说文件可以给，但是要等 10 天以上。可是再过六天就要过户，等文件到看来是来不及了。这期间，买方还要出两天差。看来他最终要还是不要这个房子，也就要在这几天之内定下来。买方目前最理想的结局是，以最小的代价退出合同。但这是不可能的，我们的对手可是"美国银行"，他们高薪养着一批高手律师，正宅得无聊呢。

四、意外浮出水面的树桩真相

第二天，买主就出差走了。为了进一步了解更多的情况，我决定再亲自到房子那儿去一趟。

邻居的工地一片繁忙景象。"嗨，您好，您就是屋主吗？"我看到一个身着便装，体态略胖，站在挖掘机旁边人，他既不像工人，也不像工程技术人员，八成就是屋主。所以我就这么招呼起来。他看到我来，从来也没见过我，想必有事，所以也就朝我走来。

"好大的工地啊，这么宏伟的住宅工程真是不多见，你真了不起！"平常人在听到悦耳的赞歌时，心情总是比较愉快的。我做了自我介绍，然后他便口若悬河，滔滔不绝起来。说他是在演讲，显得有点儿随便了，倒是像一个跳蚤市场上的拍卖主持，更加贴切。遇到我这么捧场的听众，看他这架式也没有要停下来的意思，同时也怕他对讲演上了瘾而没完没了，我就只能找机会有意岔开话题了。

"听说你已经搞过土地测量了。"他倒是很乐意介绍所有的情况：

"是的，我这人比较宽容，当我建临时铁网时，我有意离邻居的边界远一些，这是我的习惯，但实际边界线是在紧贴着你客人的木头走道。我是没问题，只不过等篱笆墙建起来后，你那边的走道就会紧靠着这篱笆墙，可能少有不便。”然后他就详细的指给我看。经他这么一讲，看来事实不像我客人所说，这个木头走道会被切掉一半。所以这个问题的严重性立刻就打了折扣。然后他告诉我，等建篱笆墙的时候，靠前面路边的你客人的挡土墙可能会被切下 50 公分左右，视情况而定了。我说这可以跟我的客人解释一下，到时候你们两家商量着办了。

看完地界，我们顺着房子向上走。我继续向他了解情况。

“那屋主贩毒的事儿您是亲眼见的？”

“当然了，那架势，就跟电影里演的一样，比那还刺激。这可是亲临其境啊，真是开了眼了！”

“你见过屋主吗？”

“当然见过，他跟我工地的人都很熟的。屋主是非常好的人，很善良，还经常给我的工人买盒饭，工人都很喜欢他。”然后他稍停了一下：“贩毒的人也不一定都是坏人，对吧？”然后他看了我一眼，似乎想让我确认一下他的高见。

我说：“那倒也是，就看他坏在什么地方了。他给你的工人买饭吃，也给他们大麻抽吗？”

“没，没，没，那绝对没有，他不干这种事。不过我的工人也买不起。”

“哦，看来他还没大方到家。感谢上帝，你的工人钱不多，要有钱的话，这么方便，一个个还不都给培训成合格的二道贩子啦！”

邻居哈哈大笑起来。

然后我问他：“工人觉得他送来的盒饭好吃吗？”

“他们说好吃，味道不错。”

“那肯定别有风味，这么善良的人送的免费午餐不会差到哪儿去。不过幸亏这房子被银行没收了，否则这些工人跟你干不了几天全都改行去了。”

这位天真的邻居马上睁大了眼睛盯着我，半张着嘴，不知说什么好。

“你后来还见过有人来买大麻吗？”我真想知道一下目前到底是个什么状况。

“几个月前还倒是有人来过。”

“那你怎么知道他们就是来买大麻的呢？。”

“一个个呆头呆脑，冲着房子就来了。我一看就知道，他们瞒不过我的。有时候我看到他们来，就往外赶。他们一看没的买了，也就走掉了。”

“后来呢？”

“后来就越来越少，现在也没人来了。”

“那你的工人呢？”

“工人怎么了？”

“免费午餐没有了，他们不想吗？”

“当然想了，一到中午，就想吃他的盒饭。他们经常……哦，感谢上帝！”他似乎意识到这不寻常的午餐的分量了。

然后他指着房子说：“你看，他客厅里装了那么多的大灯泡，都是养大麻用的。他家的开关经常跳闸，就是因为用电量太大。这个人什么事情都是自己动手……”

我插了一句：“种大麻也没请人？”他又笑了。

“看来不像有请的人。电路坏了自己修，大树倒了自己砍，从来不打搅水电公司的人。”

“你说什么，砍大树？哪儿的大树？”

他引着我来到后院，定神一看，这不就是那颗让大家百思不得其解的大树根吗？

房屋检查员在进行房检时就发现了这个树根。我虽然没有同大家公开讨论这件事，但是我一直在想这是怎么回事。从现象上看，连根拔这棵大树非同小可，而拔这棵树是肯定有目地的。这使我想起上学时法律老师经常讲的一个常规：当面对一件无头案的时候，寻找作案人最直观的推理就是先设想“谁是受益人”。

我现在真遇到了这种情况。拔这棵大树对谁最有利呢？我曾经仔细观察过侧面和后面的两个邻居，他们的位置都比较高，风景还都更好。如果设想一下，这棵大树还耸立在那里，正好挡住了西边邻居往东看到的风景，挡住了北边邻居往南看到的风景。如果这棵树倒了，那这两家邻居的风光将会一览无遗。这是推断一。那么邻居这么做是为何呢？非常可能，因为这房子已经空了数月，无人居住，又是银行的房。名目张胆地出入院子是绝对无人知晓的。这是推断二。邻居是否有这个胆量做，则不得而知。这就看他们是什么人了。所以我认为，这树是两家邻居所为的可能性较大。但是判断归判断，没有任何证据也不可乱讲。

“你见到这树倒下的状况吗？”盖房的邻居说不知道。我问他工地是否有人知道，他说他的工头也许知道，便把工头叫来了。据工头斯蒂夫说，几个月前来了一场暴雨，同时伴随着狂风。风暴过去以后就看见这颗大树倒下来了，而且树的顶端已经搭到了房子的一部分屋顶。

“那是谁来把树砍断又运走了呢？”我问。

“这个屋主可利索了。树倒之后没几天，突然来了一帮人，三下五除二就把树给锯了锯运走了，但是把树根留下了。我当时还纳闷，怎么就这么快，好像赶什么事儿似的。大树运走后，他们还修了一下屋顶。”

如果这工头斯蒂夫说的是实话，这一下可真相大白了。这个所谓的突然滚下来的树根，是原屋主卖房之前出现的状况，而不是什么后来发生的。这么一来：1、事实证明，银行在没收此房的时候，根本都没有来看过。可以说，他们只知道地址，连房子在哪儿都不一定知道。2、他们也许来人看过，但后来接管此案的人绝对不清楚房子的状况。3、因为银行的疏忽，白白地送我的买主一万二美元。

作为经纪人，我是否知道此事的真相呢？说实话，我也不知道。但是我知道这个树根是我们第一次看房的时候就已经躺在那儿了，而且后来的房屋检查报告上也有提示。既然大家（银行及其经纪人）都没有对“突然出现的树根”提出异议，我作为买方的经纪人，时刻记着“为买方的最大利益去工作”的行为准则，我也糊涂了。

五、还算圆满的购房结局

买主先生出差刚走，他的太太就给我来了个电话：“嗨，杰旺，最近这些天是怎么回事呢？我先生在家时，我也不好多问。他这个人就是这样，很难听进别人的话。我趁他不在，有什么文件你需要我签都给我，由我来签。签过也就完了。我看他说的那些问题都不是什么事儿嘛！”

听到她这番话，我恨不得把所有的文件全送给她签。可是不成，贷款文件尚未下来，唯一可以让她签的就是一份“责任免除合同”，是说卖主对买主在过户前搬进的东西不负任何责任，同时买方也应因其物品对屋主本人和财产造成的损害负所有责任。买主似乎认定了他们的行为不会造成任何恶果，因此不管文件上说什么她都会签字。

时间过得很快，离过户日期只剩 4 个工作日了。

买方出差回来后，我立即同他通了电话。买方的态度同过去一样，说他现在真是骑虎难下，如果能退出合同，他一定退，然后就问我怎么办。

我能说什么呢？这个合同从成交开始，已经一个多月了，经历了这么多的突发事件，费了这么多地口舌，答复了那么多地问题，成堆的电子邮件（帮他找房子，带他看房子的那前一段就不说了）到现在我还不知到我的客人到底要不要买这个房，这简直是一种煎熬。难道钢铁就是这样炼成的吗？

后来我就对我的买主说："你看，原来你提的那些问题是这样的：1、地界的测量已经由邻居做过了，这样你的地界也有了标准和参照物，你省了一笔勘查费约一万到二万美元（13 万人民币）。2、树根的事儿嘛，绝对是个赚头，这一万二是白检的。美国银行是老大，迂腐些也不为怪。3、至于毒贩子，那些来买大麻的小混混见到无毒可买，日常天久也就不会再来了。如果你养只大狗，装上监视器将会更加安全。"

我继续跟他解释说，退出合同的问题实在太多："合同规定，如果出现纠纷，双方先找调解员进行调解，调解不成功再进行仲裁。仲裁员可不是随时可以见到的，要预约。约一次见面要等几个星期，甚至几个月。你每天上班花在路上的时间要两个多小时，工作又很忙，我不知道你是否还有时间花在官司上。在此期间，你的工作和生活可能会被搅乱，小孩上学的问题也解决不了。如果仲裁把问题解决了还好，你的辛苦还算有了结果。否则呢？下一个程序就是进入法律诉讼。在美国，律师多得嗷嗷待哺，你就等着吃二遍苦，受二茬罪吧。再退一步说，你坚贞不屈，吃苦受罪你认了，可这还不算完，如果输了呢？这个'战争赔款'就简直是让人进了地狱。"

我的客人当然知道轻重了，都是硅谷的高科技精英，这点事儿还是能整明白的，肯定不会昂首阔步走在通向地狱的大道上。

产权保险公司和房产过户公司都在洛杉矶一带，而我们在旧金山的硅谷。好在科技发达，几十页的文件一个电子邮件就过来了。事情到了最后阶段，各方都在抓紧时间往前赶。倒数第三个工作日晚上，所有的文件都全部到齐，买方签了字。第二天是个星期五，还是个工作日，算是走运。美国银行看到买方顺利地在贷款文件上签了字，立即把贷款放了出去，落在了买方的名下。

事到如今，可以说这个充满问号的合同走过了99%的艰难路程，剩下1%的工作是房产屋主换名，由县政府来做，就是把原来主人的名字换新主人的。一旦这个程序做完，房屋交易才算全部完成。

按合同常规，在产权过户之前，经纪人应当陪买方对房子进行最后一次检查。

因此星期一早上到了办公室我就马上给买方打电话：

“杰克，早上好，按照我们的程序，过户前我们应当对房子再检查一下，你什么时间方便呢？”

“噢，不必了，我觉得不会有什么问题。”

我一听，觉得怎么有点儿怪。说实话，我还真没遇到过客人免掉这个程序的。

这在房子过户之前进行的最后一次检查，检查结果虽说不能作为过户前的一个条件，但也是很有必要的。这次检查的目的是看一下房子跟刚开始见到时有什么不一样或有否什么新的损害。如果屋主原来同意有修理的话，看一下修理的项目是否合格，如果是住着人的房子，就看他是否按时搬家了，搬空后的房子，看一下是否有搬家造成的破坏等。那我这个客人不想做这次检查，他是不是太忙没有时间？或者已经是不屑一顾了？反正这房子有很多地方要修，大概买方也觉得没必要再看了吧？

“那好，我今天就时刻准备着，一旦收到过户通知我就去取钥匙，拿到钥匙后我立刻给你打电话。”一看这样，我也没多说什么，但仍然自作多情地表白了一下我的尽职尽责。随后我给他发了个电子邮件，确认买方放弃最终检查。与此同时我马上通知了卖方的经纪人罗茜，她说过户是绝对没有问题，并约好下午2：30到房子那儿交钥匙。

我准时到了。见车道上停了辆皮卡车，也没在意，我就开过头到前面停了下来。等我来到房子这里时，眼前又出现了意想不到的景象：只见有五六个工人已经在院子里大张旗鼓地干起来了！我很快走了过去，看到工人们的确是正在干活；新的挡土墙基础已经开挖，破旧的木头也已拆了出去。看来这已经不是一天的工了。

“杰旺，你在哪儿呢？”银行的经纪人罗茜也到了。

“这里的垃圾都是哪儿来的呢？”她问。显然她看到了拆下来的破木头，但仍然没意识到这个“世纪工程”早就开工了。

“我的客人大胆极了，我也提醒多次，但好像说什么都没用。你看这满山遍野的施工现场，看来他们早就动工了。”我赶快给她解释，并感到十分尴尬和不好意思，但为了我的客人，丑媳妇总得见公婆吧？

“哦，天呐，哦，天呐……他怎么会这样！”她看到这不寻常的现场感到吃惊和不解，一直感叹不已。事到如今，我们真是束手无策。

“买主没来，那就由我们两个来进行最后检查吧。”罗茜说完便去开门。说实话，我们两个经纪人都是配角，买卖双方的屋主才是主角。这次没有主人在场的最后房屋检查真算是一次破例了。

一进屋，先看到的是钢琴，进了车库，车库早已堆满东西，几乎没有下脚的地方。二楼上，厨房水池里放满了还未洗完的碗筷，充满了生活气息，客厅的东西也全部到位，卧室里，床铺被单都已使用起来。这俨然是个已经开始正常生活的家啦！

罗茜越看越不理解，越想越觉得竟然有客人如此不按章法行事，说：“此事实在令人震惊。不过你的客人算是走运，我们公司和银行这次是出奇的宽容，正是这种宽容造就了你客人的随意行动。我做房地产几十年也没遇到过这样的事，真是领教了……”

随后罗茜把那支象征着主权，但目前看来又的确是一件废物的钥匙片交给了我。

秋天的阳光，渐渐西下，万道彩霞毫不吝啬，大手笔地挥洒在红枫、银杏树上，给原来已被红、黄、绿点缀的原野增添了无穷无尽的豪放。我凝视着这迷人的秋景，猛然感觉到，这斑斓的色彩宛如多姿多彩的人生，时而变化万千，时而深不可测，时而又起伏跌宕。

附 1：美国“房地产公平法案”（Fair Housing Act）

1968 年 4 月 11 日，当时的美国总统约翰逊签署了继 1964 年人权法案以后的“1968 年人权法案”。该法案进一步扩充了 1964 年人权法案的内容，增加了涉及贷款和房地产交易的条款，这就是法案中的第八款，又称为“房地产公平法案”。该法案指出，在房地产出租，买卖和贷款交易中，禁止就交易双方的种族、宗教、国籍、婚姻状况、性别、身体和家庭状况等进行歧视。

这个法案的通过经历了漫长的过程。美国国会曾多次讨论这个法案，但是一直没有得到多数票而得以通过。但 1968 年 4 月 4 日美国黑人民权领袖马丁 · 路德 · 金的被刺再次激发了全国上下对种族问题的关注。1966 年起马丁 · 路德 · 金在芝加哥就住房问题进行过多次游行示威，争取有色人种的权益和抗议种族歧视。从那时起，他的名字便始终同有关公平住房的立法联在了一起。

马丁 · 路德 · 金被刺后，随着美国各地动乱的不断出现，约翰逊总统和国会的议员们感觉事态越来越严重和立法的紧迫性。他们感觉此事不能再拖下去了。同时约翰逊总统利用了人们的悲痛和舆论这个机会，加速了国会对法案的审批速度，最终使法案在马丁 · 路德 · 金遇刺 7 天之后得到通过。约翰逊总统把法案的通过视为对马丁 · 路德 · 金的终生事业的认可和纪念。

另外一个促使法案得以通过的重要原因是越南战争。当时在越南打仗的步兵部队有很多是有色人种和尚未加入美国国籍的人，如黑人和墨西哥人，他们的死亡和伤亡人数很高。虽然他们在前线战场上出生入死地战斗，但是他们的家人在国内却因为种族和国籍原因租不到和买不到房子住。这大大影响了军队的士气和战斗力。

“反对住房歧视全国委员会”和其他相关组织和论坛为法案的通过进行了大量的工作。马萨诸塞州议员布鲁克和肯尼迪二人为法案的通过一直在做不懈的努力和争辩。特别是布鲁克，他是第一个被选进州议员的美国黑人。他用自己的亲身体会叙述了打完二次世界大战回国以后，如何因为自己是黑人而找不到房子住的痛苦经历。

“房地产公平法案”成为法律以后，任命第一届执行长官的责任就落在了约翰逊总统的后任尼克松肩上。经过几次筛选，尼克松指定了密执安州的州长罗姆尼担任“住房和城镇发展部”（Housing and Urban Development）的第一任总书记。此后罗姆尼州长成功地将禁止住房歧视条文纳入到联邦有关宪法中去。尼克松总统随后又指定塞蒙斯作为“平等住房机会”机构的第一任书记助理。

为了庆祝“HUD 住房和城镇发展部”成立一周年，1969 年 4 月该机构完成了平等住房机会实施的具体条例和官方的接受投诉机构，并在纽约皇宫饭店的大宴会厅举行了一次隆重的庆祝活动。全美国各地的相关机构也同时庆祝。作为“房地产公平法案”和“平等住房机会”法律的具体执行机构，“住房和城镇发展部”在同房地产相关的领域里降低种族冲突，消除种族歧视发挥了巨大作用。“全国房建商协会”“全国房地产经纪协会”和“全国广告协会”都以公平住房为自己的业务准则，使美国的房地产行业在以后的几十年里得到了健康发展。

美国各界从官方到民间，通过 20 年的努力，在 1988 年又通过了最具有深远意义的“1988 年房地产公平法案补充条例”。该条例对“1968 年人权法案”进行了两项补充，增加了反对“对儿童和残障人士”的歧视。该法案从根本上改变了“住房和城镇发展部”的执法力度，使其有权在广泛的领域里对违法者进行更加严厉的制裁。同时也为受害者建立了专项基金，用于对在房地产交易中在身体、精神和财物上的受害者进行经济补偿。

附 2：美国资产规划指南

美国的资产规划分为家庭和生意两大类。

家庭的资产规划分为：

一、资产保护

用到的工具主要是各种保险和法律文件。保险包括健康保险、人寿保险、长期护理保险汽车、房屋和责任保险、残疾保险。法律包括遗嘱和生前信托，以及各种资产的 Title 问题。

二、资产积累

用到的是各种各样的投资工具。

1. 投资组合（含股票、债券、期权、商品及贵重金属、基金，其中又详细的分为具体的投资产品）；

2. 房产、地产投资（含单独的房产、地产投资及 Real Estate Investment Trust）；

3. 有现金价值的人寿保险（Whole life，Index Universal Life，Variable Universal Life）；

4. 生意投资（C 公司、S 公司、LLC，合伙人及自雇）。

根据不同的目的又分为：

教育基金规划：主要是 529 plan

退休规划：退休年金、社安福利、退休金提前利用及各种退休计划 plan。（Defined Benefit Plan：Trandition Defined Benefit Plan，Cash Balance Plan，Fully

Insured Plan. Defined Contribution Plan：401K，SEP，SIMPLE，IRA，Roth IRA。）

三、资产转移（即遗产规划）

生前转移：赠与转移，主要利用每年免税额，2013 年每人每年 $14,000。

死后转移：遗嘱转移，合同转移，实施法转移。（Transfer At Death：transfer by will，by contract，by operation of law）。

用到的各种工具包括：遗嘱，生前信托，授权书，私人年金，家庭信托，家庭有限责任公司，慈善信托，人寿保险 A-B 信托 Power of Attorney，pour-over trust，Buy-sell Agreement，Installment Sales，Self-Cancelling Installment Notes，Qualified Personal Residence Trusts，Family Limited Partnership and Limited Liability Companies。

四、税务规划

税务规划融合在以上三种规划中。

Taxable：（每年征税）：股票、基金、债券、银行存款等。

Tax defer：（59 岁半退休时征税）：各种退休计划，如 IRA、401k、SEP、SIPLE、DEFINED BENEFIT PLAN。

Tax Free：（增值不需征税）：有现金价值的人寿保险、529、Roth IRA，市政公债（Municipal Bond）。

Mixed：退休年金（Annuity），自住房（卖时过去 5 年内有两年自住，夫妻每人有 $250,000 免税额）。

税率分为普通收入和盈利收入 ordinary Income/Capital Gain。

生意规划：

公司形式：小型公司、独自经营公司、有限责任公司（S-Corp，C-Corp，LLC，LLP，Partnership，Sole proprietorship）。

公司员工福利：保险及退休

商业持续（Succession planning）：Key Person

公司退出（Exit strategy）Buy-Sell Agreement

公司价值评估

公司税务规划

附 3：美国建筑欣赏